张翔

法学写作课

- ● 选题与准备
- ○ 结构安排
- ● 具体操作
- ○ 修辞与积累

北京大学出版社
PEKING UNIVERSITY PRESS

张翔，1976年7月生，甘肃张掖人。
北京大学法学院教授，中国法学会宪法学研究会副会长兼秘书长，
第八届全国十大杰出青年法学家。

讲授宪法学、基本权利案例分析、法学论文写作等课程。
在《中国社会科学》《法学研究》《中国法学》等期刊发表论文
80余篇，著有《具体法治中的宪法与部门法》
《基本权利的规范建构》《宪法释义学：原理．技术．实践》等。

图书在版编目(CIP)数据

法学写作课 / 张翔著. -- 北京：北京大学出版社, 2024. 10. -- ISBN 978-7-301-35521-3
Ⅰ. D90
中国国家版本馆 CIP 数据核字第 2024R2U730 号

书　　　名	法学写作课 FAXUE XIEZUOKE
著作责任者	张　翔　著
责 任 编 辑	邓丽华
标 准 书 号	ISBN 978-7-301-35521-3
出 版 发 行	北京大学出版社
地　　　址	北京市海淀区成府路 205 号　100871
网　　　址	http://www.pup.cn
新 浪 微 博	@北京大学出版社　@北大出版社法律图书
电 子 邮 箱	编辑部 law@pup.cn　总编室 zpup@pup.cn
电　　　话	邮购部 010-62752015　发行部 010-62750672 编辑部 010-62752027
印 　刷 　者	涿州市星河印刷有限公司
经 　销 　者	新华书店
	880 毫米×1230 毫米　32 开本　7 印张　134 千字 2024 年 10 月第 1 版　2024 年 11 月第 2 次印刷
定　　　价	58.00 元

未经许可，不得以任何方式复制或抄袭本书之部分或全部内容。
版权所有，侵权必究
举报电话：010-62752024　电子邮箱：fd@pup.cn
图书如有印装质量问题，请与出版部联系，电话：010-62756370

写在前面

这本小书是偶然来的。2017年,我接到开设法学论文写作课的教学任务。任务接受了,但却并不知道怎么教。想起在此之前的2015年,陈柏峰教授曾让我给中南财经政法大学的同学讲过一次法教义学的研究方法与论文写作,整理过一篇文字《法学写作:规范性与规范》。里面举的范例是我的《财产权的社会义务》一文。在此之前,赵磊兄跟我说,他也以这篇文章为例,从编辑的视角讲过论文写作。再往前,记得读博士时听朱苏力老师的法学研究方法课,他也是以自己的论文作为范例的。于是我就想,能不能就以自己的论文为样本,基于自己从选题、架构到梳理资料、铺陈文字等纯粹实际操作的主观视角,把写作过程展示给同学们看?有心的同学们自然会去观察、复刻、实操、反思,最终掌握基本技术,乃至找到自己的风格。这就是这门课程的"自我剖析教学法"了。

写作课当时的安排是1个学分，4次课。于是就形成了这本书四讲的规模，分别是：选题与准备、结构安排、具体操作、修辞与积累。2017年第一次上课，我的学生陈伟就录了音。转化而来的文字稿，就是这本书的雏形。这几年来，在中国人民大学和北京大学，这门课我上了若干遍。每次备课和讲授，都会有些新东西，有的内容已经完全更新了，有的还是最初的样子。读者不难在阅读时发现这些时间的痕迹。2022年夏天，中国知网请我做过一个线上的公益课，主题叫"'手把手'教你写法学论文"；2022年底，北大法学院又让我主讲了"法学研究与论文写作高级研修班"。这些公开课反响似乎不错，证据是B站上的盗版视频，微信和小红书上的听课笔记和课程整理。

2019年，雷磊教授组织中国政法大学"法思写作坊"系列讲座，让我去讲一次。我讲的就是课程的第三讲和第四讲的部分内容。讲座后整理了文字稿，以《法学论文写作：积累与操作》为题收入焦洪昌老师主编的《法学论文写作：方法与技巧十讲》一书。这是我的写作课的内容第一次转化出版。

这篇文字后来以《法学论文写作的具体操作》为题在"博雅公法"公号上推出。背景是这样：北大法学院在博士培养中有一个环节叫"论文讲评"，要求博士生在第一学年结束时提交一篇论文接受导师们的评价指导。我参加"论

写在前面

文讲评"之后,感觉博士生们的写作也还是有一些问题,就把这篇文章发给他们参考。他们问可不可以在"博雅公法"公众号推送,我说当然可以。没想到,这篇关于写作的文章被多个公号转发,阅读量加起来可能有二十万次,比我的专业论文的阅读量可多多了。这让我意识到,同学们对于写作训练有很大的需求。尽管之前已经有不少教写作的非常好的书,但似乎还可以有更多。我这种偏重具体操作的讲法,可能也有自己的生态位。此外,劳东燕、车浩、纪海龙、朱虎等学友表示,这篇文章讲的跟他们写作的经验很契合,只是没有做过这样的总结。这些都让我最终有信心把课程的四讲内容都整理出来,作为一本小书出版。

书的内容是课堂录音整理而来,成文时还是保留了口语化的表述,甚至还有不少课堂问答的实录。我把上课的ppt也有选择地插入其中,以增进理解,也会更有现场感。录音整理是很麻烦的,陈伟、胡超、陈芊默、刘书辰、奚若晨、陈靓雯、黄智杰、陈诗宇、陈法钧等多位同学为此耗费了不少的精力。赫欣博士做的笔记和大纲整理,也给我的梳理提供了帮助。感谢所有为这本书做过贡献的同学们。

尽管我在"楔子"里已经说明,用自己的文章做样本,是自我剖析,绝不是自恋。但整理完再看,还是觉得挺自恋的。自己读起来有点不好意思，只能请大家宽容，理解。这是教师的职业病的症候。而且，"野人献曝"，有些内容实在是卑之无甚高论，甚至可能是错谬而不自知，也欢迎批评指正。讲修辞时，我引用了"修辞立其诚"，我确实也是秉持着诚意去教学，去写这本小书的。

张　翔

2024 年 5 月 5 日于陈明楼

目录 CONTENTS

楔子 / 001

作为技能课的法学写作课 / 001
"自我剖析"教学法 / 003
"勤读书而多为之" / 007
课程的四个部分 / 010

选题与准备 / 015

题目要自己选 / 015
法学的学科品格 / 018
法学论文选题的三个来源 / 026
 从实践中来 / 027
 从规范中来 / 035
 从理论中来 / 040
规范、案例和文献的检索 / 043
阅读、标记、批注、笔记、综述 / 047

结构安排 / 051

导言要说哪些话 / 051
从一个 idea 开始强分结构 / 070
写作中的细分、合并、取消、重拟 / 072
正文的谋篇布局 / 075
逻辑、逻辑、逻辑,重要的事情说三遍 / 079
写好承转的句子和段落 / 080
结语要写些什么 / 088

具体操作 / 101

结构甫定,排比材料 / 101
资料梳理的几个问题 / 108
粗写与细写 / 118
永远要有读者视角 / 122
注释 / 124
短文与长文 / 133
摘要怎么写 / 137
关键词是干啥的 / 145
标题怎么拟 / 146

修辞与积累 / 155

修辞三句话 / 155
"诚实"与"细密" / 158
法律语言:"自我选择的贫乏" / 160
"消极修辞"与"积极修辞" / 163
消极修辞的原则 / 166
消极修辞的例子 / 168
积极修辞:修行在个人 / 185
如何提升积极修辞的能力 / 189
怎么改文章 / 191
学术的日常积累 / 197
积辞与积义 / 203

附录 / 207

尾声 / 215

楔子

先做一点课程说明,关于写作课在法学课程体系中的定位、教学方法、课程讲授与操练的关系、课程内容等。

几点说明

写作课在法学课程体系中的定位
讲授方法:"自我剖析"
课程材料的使用
听讲与实操

作为技能课的法学写作课

论文写作课在中国的法学课程体系里出现是比较晚的。

我的印象里,在我自己读本科的90年代,乃至2000年之后的很长一段时间,国内各法学院校都没有开这门课。但是这七八年来,我发现写作课在各个学校开始普遍地开起来了。这也是法学教育发展的表现。法学的课程,一开始主要都是讲授课。后来大家开始认识到,法学教育必须给学生提供一些技能上的训练。法学教育的技能训练包括很多方面,首先应该是"解案例"的训练。近些年,法学教育中的案例教学,也普及起来了。特别是,近年来非常热的"鉴定式案例教学",就是在训练学生解案例的能力,无论是民法教学中关于"请求权基础"的训练,还是刑法的"构成要件符合性—违法性—有责性"三阶层的框架,也包括我一直在推动使用的宪法上基本权利的"保护范围—干预—干预的合宪性论证"的分析框架。各个部门法的"解案例"训练,都在普及。另外一个方面的技能训练,就是写作课。在法学的课程体系中,写作课也属于技能课。为什么要开这个课?一个直接的原因,是从学生培养的实践中发现,法学院培养的学生的写作能力有点不足。写作能力的不足,不只是说写学术论文的能力不足,而且是说,法律实务工作中的写作能力的不足。法学院对于学生的写作训练不够,是一个普遍的现象。基于这个认识,近几年各个法学院都越来越重视写作训练。

楔子

"自我剖析"教学法

论文写作课该怎么上呢？我自己开论文写作课也有几年了，针对本科生，也针对研究生。一开始接到学校的开课任务，对论文写作课怎么开也没有认识，毕竟我自己也没在法学院的课堂上学过写作。我们能想到的写作课，可能就是中小学的作文课：老师出个题目（也有自选题目的），大家写好交上来，老师批改，课堂点评。其实专业写作课也应该这么开，老师讲授之外，同学们一学期写四五篇论文，然后老师来批改。但是，在我们的大学人事制度下，教授并没有助手，如果都靠授课老师批改，这个工作量太大了。北大法学院的阎天老师说他就这么开过，但改作业的任务实在是太繁重了，因此也坚持不下来。我们的教学考核，也不会对这种"额外"工作给予支持。毕竟，大学老师的工作至少包括教学、科研、社会服务三个部分。面对可能上百人的课堂，一学期给每个同学改四五篇、每篇数万字的论文，做不到啊。那么，法学论文写作课该怎么开呢？

我的想法是，写作课是一门具有强烈实操性的课，所以才需要学生练习和教师批改。那么，有没有什么别的方式，也可以实现实操性呢？我想到的办法是：自我剖析。

什么叫自我剖析呢？就是拿自己的论文作为例子，来告诉同学们论文是怎么写出来的，或者说，我是怎么写论文的。所谓自我剖析的写作课，就是我以我自己的论文作为范例，告诉大家：（1）我是怎么选到这个题目的；（2）我是怎么在这个题目之下进行资料检索、案例检索、规范检索的；（3）我是怎么形成观点的；（4）我是怎么搭建论文结构的；以及（5）我是怎么一部分一部分、一句一句地把几万字码出来的；当然包括（6）怎么做引注、怎样讨论、怎么措辞；等等。这种教学法，是要告诉大家，从最开始脑子里有一个要写一篇论文的想法，到论文的最后一个句号画上，我是怎样操作的。所以，我会给各位选课的同学一个资料包。这个资料包里，有我的二十篇论文。也就是说，这门课程的教学资料就是我自己的二十篇论文。

张翔老师论文写作课参考论文

一、教义学框架建构

1.《基本权利的体系思维》，《清华法学》2012年第4期。

2.《基本权利的双重性质》，《法学研究》2005年第3期。

3.《我国国家权力配置原则的功能主义解释》，《中外法学》2018年第2期。

4.《基本权利的受益权功能与国家的给付义务》，《中国法学》2006年第1期。

5.《两种宪法案件:从合宪性解释看宪法对司法的可能影响》,《中国法学》2008年第3期。

6.《宪法与部门法的三重关系》,《中国法律评论》2019年第1期。

二、实践争议回应/部门法问题

7.《财产权的社会义务》,《中国社会科学》2012年第9期。

8.《刑法体系的合宪性调控——以"李斯特鸿沟"为视角》,《法学研究》2016年第4期。

9.《机动车限行、财产权限制与比例原则》,《法学》2015年第2期。

10.《"近亲属证人免于强制出庭"之合宪性限缩》,《华东政法大学学报》2016年第1期。

11.《基本权利在私法上效力的展开——以当代中国为背景》,《中外法学》2003年第5期。

12.《民法人格权规范的宪法意涵》,《法制与社会发展》2020年第4期。

13.《基本权利作为国家权力配置的消极规范》,《法律科学》2017年第6期。

14.《通信权的宪法释义与审查框架——兼与杜强强、王锴、秦小建教授商榷》,《比较法研究》2021年第1期。

15.《个人信息权的宪法(学)证成——基于对区分保护论和支配权论的反思》,《环球法律评论》2022年第1期。

三、方法论

16.《形式法治与法教义学》,《法学研究》2012年第6期。

17.《宪法教义学初阶》,《中外法学》2013年第5期。

18.《祛魅与自足：政治理论对宪法解释的影响及其限度》，《政法论坛》2007年第4期。

四、书评

19.《走出"方法论的杂糅主义"——读耶利内克〈主观公法权利体系〉》，《中国法律评论》2014年第1期。

五、比较法

20.《国家权力配置的功能适当原则——以德国法为中心》，《比较法研究》2018年第3期。

扫描二维码可在线浏览二十篇示范论文

大家可能会说，张老师也太自恋了吧，拿自己的论文做写作范文？文人往往有个臭毛病，觉得文章是自己的好——"天下文章在三江，三江文章属我乡，我乡文章属舍弟，舍弟跟我学文章"——我没有这个意思哈。我不是说自己的文章有多好，而只是想告诉大家我的文章是怎样写出来的，我拿我自己的文章来举例子，告诉大家说我是怎么构思、怎么成文的。大家可以这样理解：这些文章不是范文，而是样本，待剖析的样本。我拿自己的文章作为例子，最能跟大家说清楚，从论文标题开始，我的论文的每一个字是怎么码出来的。野人献曝，自我剖析，让同学们看个清楚。就像在自然科学的研究和学习中,有所谓"复刻实验"。老师带着学生去重复一个实验的全过程,并不产生新的知识和结论,只是在确定原实验结果的可重复性、可验证性,但可以让学生在这个过程中获得训练。从我之前用这种自我剖析法教学的效果看,还可以。

"勤读书而多为之"

大家看到的课程材料,就是我的二十篇论文。我是研究宪法学的,所以这些论文也都是宪法学论文。大家不一定有很强的兴趣去细读这些论文,但是可以大致浏览一下。对照本书阐述的论文写作过程,体会一下其中的用心和操作:立意的缘起是什么,标题怎么拟的,问题怎么切入的,结构是怎么安排的,整个构思是怎样的。这样结合本书的讲授和论文阅读,可能对论文写作有更具体的体会。

但提升写作,一定是要实操的。所以我也要给大家泼点冷水。大家千万不要觉得,听了几次课、看了两本书,就会写论文了。这是不可能的。写作课是技能课,方法也好,技能也好,都是要操作的。做得多了,才可能做得好,才能总结出经验来,才能总结出方法论来。我们有了一些写作经验之后,可以总结一下,给大家一点引导。但如果

法学写作课

大家不去写,就指望听几次写作课解决问题,一定是不行的。熊十力先生有这么一段话:

> 每见青年问学,开口必曰"方法",此极可惜。须知,学问方法,必待学成而后能明其所以。至求学时代,则全仗自家一副精心果力暗中摸索,方方面面,不惮繁难,经历许多层累曲折,如疑惑、设计、集证、决断、会通、类推等等,其间所历困难与错误,正不知几许,穷年矻矻,而后有成。

他的意思,方法都是经历过、操作过、研究过之后才能总结出来的。上来就想找到"方法"的便宜法门,其实不可能。学问的方法这个东西,只有你学问做好了以后,反过头来才能够明白。此前"全仗自家一副精心果力暗中摸索","疑惑、设计、集证、决断、会通、类推"都是你在摸索中学到的方法。有疑惑了,把别人的观点和材料收集来分析研判,最后才能作出判断。自己不去摸索实践,别人告诉你可能都没有用。就像父母会告诉我们一些生活经验,但如果自己不经历,父母说再多也没有用。自己经历了,跌了跟头或者有成绩了,回过头来才会发现,"爸爸妈妈说得太对了"。总之,不实际操作,光靠听课、看书,是学不会写论文的。

苏东坡的《东坡志林》有一段"记六一语",记录他请

楔子

教欧阳修写文章的事：

> 顷岁孙莘老识欧阳文忠公，尝乘间以文字问之。云："无他术，唯勤读书而多为之，自工。世人患作文字少，又懒读书，每一篇出，即求过人，如此少有至者。疵病不必待人指摘，多作自能见之。"此公以其尝试者告人，故尤有味。

欧阳修、苏轼都是大文豪，这段话的意思就是：要多看多写。看得多了、写得多了，自然就能写好。自己文章的毛病，多看多写，自己就能发现。束书不读，又一味空谈不动手，突然下笔就能写好，这种概率不高。也不是说没有这种天才，但天才毕竟少啊。我记得余华说过，他刚开始写小说时，标点符号都不会用，照着报纸现学的。但人家是余华呀。而且那是文学写作，似乎更重"宿慧"而非训练的。学术写作当然也可以讲点天分，但专业训练是更重要的。

也可能有同学不服气，说我也是优秀文科生来的，小学中学的作文都是上课被老师当做范文念的，是上过黑板报的，写作我早就会了，还要在大学重新训练吗？我讲两个体会：

先说语言表述的准确性。有次写作课，我把前半学期专业课上同学们交的作业，每个人摘了一段，用 PPT 展示出来，让大家自己挑毛病。很有意思，大家发现没有人没毛病的，而且自己读两遍都能发现，或者至少能找到更好的表达。这说明什么呢？我觉得说明大家中小学打下的写作底子未必扎实。改病句的题目都能做好，自己写却难免出错，写得快了，更是难得严谨。我曾经做过一段时间专业刊物的编辑。看稿子的过程中有时会感慨：都投稿了，怎么还有这么多文字错误。但是，看着看着，我开始反思了："我自己的文字有没有毛病？"回头自查，发现真的有。后面讲修辞的时候，我再具体讲。

另外，专业写作与中小学的写作很不一样。在我看来，我们中小学的语文教学在写作教学环节是非常不足的。我们的中小学训练的好像是一种半吊子的文学写作。当然，我也没资格多评价。但是，在进入专业领域以后我们会发现，专业写作的基本写作方式，从根本上说是基本的思维方式，与中小学作文是不同的。我跟学界很多朋友交流过，就写作这个事，大家好像都经历过"幡然醒悟"的阶段。或者说，把当年学的那些浮夸、虚假、空洞、没逻辑、不讲理的写作套路都忘掉。

课程的四个部分

———— // ————

下面我来介绍课程的内容。课程共有四讲，分别是：

楔子

> 选题与准备
> 结构安排
> 具体操作
> 修辞与积累

"选题与准备"。首先解决论文的题目是怎么来的。我会从对法学作为规范科学、实践科学的理解开始,说明法学论文选题的三个来源;也会说明,选题之后如何进行规范、案例和文献等的检索整理,动笔之前应做何种内容与程度的准备工作。

"结构安排"。论文应如何初步确立结构;导言、正文和结语分别包含哪些内容;如何谋篇布局、起承转合。

"具体操作"。选题初定、结构初分后,如何具体操作,包括:材料如何排比;如何"粗写"后"细写";如何引注以支撑论证并保证文气贯通;摘要与关键词承担何种功能;标题如何拟定才能信息充沛且简洁"抓眼球";等等。

"修辞与积累"。法学的语言有什么特点;法学写作的修辞应该注意些什么;为了写作,应该在"义理""辞章"上做怎样的日常积累。

这是本书大概的脉络。

另外,还有这几年我收藏的一些关于论文写作和法学研究的文章,都可参考。把题目列给大家,网络上一搜即得。

【学问与学术】

朱光潜：谈学问

萧公权：治学经验谈

梁漱溟：做学问的八层境界

崇旧须守雅则，创新必有渊源：张翔博士访谈录

王学典：治学的功力与见识

石头：编辑们都是咋约稿的？

【读书与积累】

葛剑雄：读书方法决定你的命运

王泽鉴：法律人的学习依赖于训练而非记忆

张翔：如何读书与积累

熊十力如何骂醒徐复观？

严耕望：要看书，不要只抱个题目去翻材料

李连江：看不懂就是译错了

朱光潜谈读书

【选题与综述】

周毅：研究生学位论文选题，八个方法不可不知！

陈兴良：论文写作的选题与题目

程啸：国内顶级法学院教授教你如何做好文献综述

克雷斯威尔五步文献综述法

如何写综述文章？兼论文献阅读及管理

【写作与规范】

曹树基：学位论文的性质、内容与形式

耶鲁大学教授：研究生做科研的11条军规

王泽鉴：民法学研习方法与大型论文写作方法

程啸：侵权责任案例分析报告三则

德国法学方法中的案例分析方法

濮实：写作能力是 21 世纪脑力工作者的核心竞争力

Virginia Gewin：如何写出一流论文？Nature 请 6 位专家为你支招

王雨磊：写文章，要自觉

杨海文：文科学术论文摘要的正确写法

蔡锦昌：在论文中如何交代你的"研究方法"？

Tony Yet：论文写作的"技"与"道"

贾伟：科研表述，是一门学问

写论文必须养成的十大良好写作习惯

Paul J. Silvia：学术写作，怎样才能写得多？

陈澧：引书法示端溪书院诸生

最高法：民事裁判文书引用法律的九条规则

余光中：警惕书稿中的欧化句式，尤其是引进版图书

公文常见错误更正对照表

公文写作中最常见的 12 种标点错误

新版《标点符号用法》的变化和标点符号的误用

编辑校对小常识

十一个论文校阅的重点

选题与准备

题目要自己选

论文写作首先要解决的是题目。我写个什么题目呢？我该研究点什么呢？我想每个人在开始学术写作的时候，都遭遇过选题的困难。

我们每年周而复始地指导学生开题、写作、答辩。第一次谈论文肯定是谈选题，一般来说我们都希望同学们自己选。有些同学可能会觉得，你们做导师的，给我们个题目，我们写不就完了吗？其实，导师给题目，效果往往不好。当老师的，只要不停止学术思考，脑子里一定有题目。

我的脑子里就有无数题目,我觉得我这辈子都写不完,而且还经常会插进来一些不在原来写作计划里的文章。想到什么题目,我会用一个文档记下来,放在一个叫"论文选题与思考碎片"的文件夹里,有时候打开看看,会有点惊讶。条件合适的话,我会把这些选题的思考分享给学生。比如,以前有位硕士生来跟我谈学位论文选题。他选的题目,我也思考过。我发现他想的很好,准备也比较充分,就把我当时想到的题目、列的提纲,以及收集的资料都给他。等他写出来,我发现自己也就不用写了。他现在也是崭露头角的青年学者了。但是,严格讲,这个题目并不是我给的,是他自己选的。

如果一个题目是我想到的,是我意识到了它的意义和价值;如果学生并没有想过这个题目、没有认识,很难写下去,至少很难写得好。所以,同学们来跟我谈选题的时候,我都会问:"你自己想写什么?"我基本上是做否定或者肯定的工作。有时候否定的工作会比较多。记得有位硕士生选题目,前后选了五个,第五个才通过,最后论文写得也不错。

北大历史系荣新江老师在《博士生如何写期刊论文》里说:"一个研究生通过一段时间的学习,特别在某些方面比较全面地收集的资料,又看了相关的研究后,就会逐渐地在自己所熟悉、所感兴趣的学术领域,发现一些尚待解决,或还没有彻底解决的问题。"荣老师的意思,也是认为论文选题和论文内容是学生自己的事儿,没有人代替得了。在一个领域内,把所有的文献都看了,自然能选出题目来。如果一个学生到了要选题的时候去找老师请求:"老师你给我选个题目吧",老师的判断会是:你的学生生涯,至少在学术训练层面可能是失败的。各个学科都是一样的。读了好几年法律,总会有什么问题吸引了你,让你有探索兴趣吧?如果没有,建议退学,做个"法学院的逃逸者",也挺好。从法学逃离的人多了,包括很多大文豪,你也可以试试。这当然是开玩笑,我只是想强调,论文题目要自己选,不要指望老师给你一个。

很多老师都讲过论文怎么选题。清华大学法学院何海波老师在《法学论文写作》中认为,选题有三个基本要求:要有问题意识、要有创新、要切合个人情况。政治学学者李连江老师的《不发表就出局》,就选题问题提出了"三个场所与权衡一与多":第一,跟踪期刊发表论文,从现有已经发表的论文里找题目。但是这里有个重大弊端,已经发表的论文往往是很久之前写作完成的,这些论文经过漫长的评审周期才发表出来,所以这种题目就容易过时。第二,参加学术会议,一般来说大家在学术会议上讲的都是最新的东西。第三,跟踪时事,这种方法也有风险。新题目,容易一哄而上,写出来的东西不深入。这些老师讲的,大家都可以参考。但我想他们都会认同,论文题目得自己找。

法学的学科品格

导师不能给你一个具体的题目,并不意味着不能给你选题的思考方向。在正式进入"题目从哪儿来"之前,我想回到一个更基础的层面:法学是什么?有了对法学的基本认识,明白了法学是怎么回事,是研究什么的,你就会明白法学论文的题目从哪儿来。

关于法学的学科品格,我有两点基本判断:第一,法学是规范科学,法学是实践科学;第二,法教义学是法学的学科根本。

所谓"实践科学",不难理解。法律指向社会生活中的实践问题,特别是法律争议的解决。解决实践争议是法学的核心工作,所以法学具有天然的实践性。怎么理解法学是"规范科学"呢?在此意义上,法学可能不同于任何其他的学科。法学的核心工作是围绕现行有效的法律展开的解释和建构工作。按照卢曼的说法,法律系统的核心符码是"法/不法"。法学的基本工作就是判断"法"与"不法"。什么是法与不法？举例来说，刑法的核心问题是分析构成犯罪还是不构成犯罪，民法要解决构不构成侵权、构不构成违约，宪法的核心问题就是合宪还是违宪。所以法律人的核心工作实际上就是所谓"围绕规范"，从规范出发去判断法与不法的问题。这一点与"实践科学"的性质结合，就是要针对实践中的争议问题作出法与不法的判断，这就是法学的基本工作。

我们知道，法治是人类社会当下能够找到的最好的治理方式。法治的基本特征就是依据事先制定好的抽象规范来解决社会中发生的具体争议。法学就是为法治提供支撑的一套学问。法学在其中起到什么作用呢？从法治的特征不难发现，从抽象的规则到具体的事实之间，是有一个跨越的。规则永远是抽象的，而生活永远是具体的。比如，《刑法》第232条规定："故意杀人的，处死刑、无期徒刑或者十年以上有期徒刑；情节较轻的，处三年以上十年以下有期徒刑。"看上去很简单，但是到了生活事实层面，故意杀人的具体情形就太多了。这种情况下，要把抽象的规则运用到具体实践中去，需要对法规范进行解释，解释以后才可能在具体情境中适用。通过解释规范，把握事实，然后作出判断，就是法律思维的基本内容了。

规范科学与实践科学

> **法律思维的基本特征**
>
> 法学是"规范科学""实践科学"
>
> 法律思维的"三段论"
>
> 法学思维 vs. 法律思维?
>
>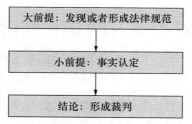
>
> 法学的主要工作在于:提出对法规范的主张、建议与论证:
>
> (1) 某人是否拥有某种权利、负担某种义务或者责任?
>
> (2) 某规范是否应做某种解释或某种修改?理由何在?

法学的入门书,会给大家介绍法律思维的三段论。第一步是发现或者形成法律规范,就是搞明白法律是怎么规定的,法律规范是什么意思;第二步是搞清楚案件事实是怎样的;第三步,就是把具体事实"涵摄"到抽象规范中去,得出结论,也就是做出一个法律判断。法律三段论,是三段论的"大前提——小前提——结论"的思维框架在法律争议处理中的应用。请注意，它是围绕规范的思维，所以说法学是规范科学。法学研究永远不能脱离开规范说事儿。大一上课，我一定会告诉学生四个字："援法而言"。这是法律人思考问题的基本特点：先搞清楚法律怎么规定的。

有些人会去区分"法律思维"和"法学思维"，说上面这种是"法律思维"，是法律人（律师、法官、检察官）解决具体实践争议的思维，而法学思维是思考法律问题、研究法律问题的思维。我觉得这种区分是没必要的，也区分不开。大家可以问问做律师、法官、检察官、公司法务等法律职业的朋友，尽管工作好像差别很大，但核心都是要去处理某法律规范应该怎么解释，在具体实践中应该如何适用。而法学的核心任务，就是为这些工作提供科学体系化的预备。

上图里关于法学的主要工作的说法，是我从别人的著作里摘出来的。法学的主要工作在于"提出对法规范的主张、建议与论证"。什么叫对法规范的主张、建议与论证？首先，基于法律的规定，某人是否拥有某项权利，某人是不是要承担某义务或责任，我们要能给出分析判断。在宪法案件里，我们可能要分析某个人到底可以主张哪项基本权利。在民法案件里，可能要分析某个人是否应承担某项民事责任。在刑法案件里，要分析某人是否应承担罪责。法学的核心工作，无非就是为解决这些问题服务。换一个角度看，这里的问题就变成了，某个规范应该怎么解释。为解释和适用规范提供学术预备，就是法学的核心工作，有人把这叫作"解释论"。

更进一步,在解释了规范之后,可能会发现问题,比如说可能会觉得这个规范需要修改。这就指向了另一个层面,也就是规范应该如何制定,这就是所谓"立法论"。我们会发现,无论如何,法学都是"围绕规范"的。法律人的核心工作是什么?是判断法与不法,这项工作指向的,就是所谓"法教义学"。

> 法律人的核心工作:判断"法/不法"
> 法教义学作为法学的"学科根本"

法教义学是法学的学科根本。法教义学可能不是法学的全部,但它是法学的根本。关于什么是法教义学,我结合各家观点,给出自己觉得比较合适的定义:

> **法教义学**
> 法教义学通过对复杂的规范进行类型化,建构统一的知识体系和思考框架,并设定分析案件的典范论证步骤,为法规范的适用提供统一的、标准的概念和

> 结构，从而为实践问题的解决提供确定性的指引。
> 法学指向的是现实中争议问题的解决。正因为如此，为法律人解释法律和处理案件提供框架性的方法和知识指引的法教义学就是法学的核心工作。

人类选择法治作为治理方式，就指向用抽象规则去解决具体实践争议。法学的基本工作就是解释法律，而所有的法律又必须具有统一性和秩序性，从而就需要法学对其进行体系化建构。法学各个学科，都是在做解释和体系化的工作，最终形成本学科的知识体系。

法学不光要有知识体系，还要有思考框架。思考框架指向实践问题的解决：遇到法律争议了，要按照怎样的步骤去分析解决。不同法学学科会建立起不同的分析实践争议的框架。法学院的学生，应当掌握以解释规范、适用规范为目标的知识体系和思考框架。未来不管从事什么法律职业，法律人都要有统一性的、标准性的思维方式。某种意义上，法治的统一性和确定性，也是靠这个维护的。

下面看看法教义学的两个思考框架：

思考框架

刑法上判断犯罪是否成立的检验模式，应当依照"构成要件符合性→违法性→责任"的阶层式步骤依次展开。

在每一阶层之中，又可细分为若干子项。图示如下（来自陈璇）：

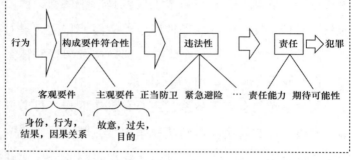

上图是我直接从陈璇老师的 PPT 里复制过来的。这是他主张的刑法上判断犯罪是否成立的检验模式，也就是按照构成要件符合性、违法性、责任的阶层步骤逐步展开。这是一个刑法案件的分析框架，但同时也是一个刑法学的知识体系。刑法学所有的知识都可以容纳在这个框架中。

选题与准备

思考框架

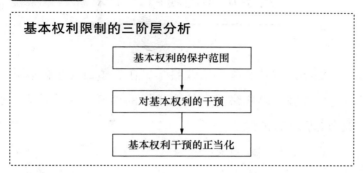

这是宪法上审查对基本权利的国家干预是否违宪的框架。第一步确定保护范围,分析某人的某个行为受不受基本权利保护,受哪项基本权利保护;第二步分析国家到底有没有干预到这个行为;第三步再分析这个干预是不是合宪的。学习法律,要掌握基本思维框架。

在此意义上,为法律人解释法律和处理案件提供框架性的方法和知识指引的法教义学,就是法学学科的根本。在此之外,可以用很多其他的视角去研究法律问题,或者说,法学可以与其他很多学科结合和互动,从而形成法哲学、法社会学、法经济学、法史学,等等。如果要做这种跨学科研究,在理解法学的品格之外,还必须理解所跨的学科的基本规范和方法。跨学科研究,必须同时符合两个学科的学术规范,而不是反过来。

法学论文选题的三个来源

法学是规范科学、实践科学。在有了对法学的基本认知之后,我们再来讲法学论文选题的由来。在我看来,选题来源就比较清楚了:

第一,从实践中来;

第二,从规范中来;

第三,从理论中来。

法学是实践科学,很多论文题目都是从实践中来;法学是规范科学,很多题目是从规范中来;法学又是一套理论,所以有些题目就直接是从理论中来。可以这样理解它的层次:从实践中来、从规范中来是直接的,而从理论中来是间接的。为什么呢?我们可以问问理论是从哪来的。理论也是从规范和实践中总结来的。所以,可以说法学的题目都是从实践中、从规范中来的。

从实践中来

——//——

接下来，我还是以我自己的论文为例来说明，怎么从实践中找到选题。以三篇论文作为例子：《机动车限行、财产权限制与比例原则》《财产权的社会义务》《"近亲属证人免于强制出庭"之合宪性限缩》。

前两篇文章，主题其实是一样的，都是研究对于财产权的非征收的单纯限制。那我是怎么想到这个选题的？这来源于实践争议。2008年北京奥运会的时候，就实行过机动车单双号限行。奥运会结束之后，北京市又实行尾号限行，也就是把机动车按照尾号分为五组，每一组每周限行一天，比如周一限行尾号5和0，周二1和6、周三2和7、周四3和8、周五4和9。这引起了一些争论。我看了一些报纸评论和学术讨论，感觉讨论不充分。比如有人说这不涉及财产权或者物权，因为并没有征收私家车，并生造出"路权"甚至"驾车上路权"之类的概念来论证。但在我看来，对私家车的尾号限行，是对财产的使用权权能的干预，也是财产权问题。这就激发了我去研究背后的财产权理论的想法。所以，这个选题一开始就是从实践中来的。

再拓展思考,经过规范检索,我发现实践中对财产权的非征收式限制非常普遍。举以下几例:

> **从"实践"中来:非征收的财产权限制**
>
> - 1. 房屋租金。《上海市居住房屋租赁管理办法(征求意见稿)》第14条规定:居住房屋租赁期限为一年以上的,每年只能调整一次。居住房屋租赁合同期内,出租人不得单方面随意提高租金水平。
> - 2. 古迹保护。根据《历史文化名城名镇名村保护条例》第33、35条的规定,历史建筑的所有权人负有维护和修缮的义务,而对历史建筑进行外部修缮装饰、添加设施以及改变历史建筑的结构或者使用性质,必须经过文物主管部门批准。
> - 3. 环境保护。根据《中华人民共和国自然保护区条例》第32条的规定,在自然保护区的外围保护地带建设的项目,不得损害自然保护区内的环境质量;已造成损害的,应当限期治理。

- 4. 汽车限行。根据《北京市人民政府关于实施工作日高峰时段区域限行交通管理措施的通告》，机动车按车牌尾号在工作日高峰时段限行，每周限行一天。
- 5. 著作权。根据《著作权法》第22条：对于作品的"合理使用"，可以不经著作权人许可，不向其支付报酬。
- 6. 董事会、监事会中的职工代表。根据《公司法》，国有公司以外的其他公司的董事会成员中"也可以有公司职工代表"；监事会应当包括股东代表和适当比例的公司职工代表，其中职工代表的比例不得低于三分之一；公司研究决定经营方面的重大问题时，应当听取职工的意见和建议。这意味着，即使职工并非公司的所有权人，其也在一定程度上可以影响公司的经营和对公司财产的支配。

学界并没有把以上问题看作财产权问题。实际上，财产权的这个学理问题会影响到合同法、行政法、环境法、知识产权法与公司法等各个部门法，而在宪法视角看来，这些财产权的限制需要做合宪还是违宪的判断。这样，"财产权的社会义务"这个题目就选出来了。这一选题受到了机动车限行争议的刺激，但我并未在该论文中处理这一争议。因为这篇文章是写基本原理，而对争议做判断是案例分析，分析不在一个层面上。这篇论文的结论部分曾经简单分析过机动车限行争议，但在编辑建议下，删掉了。

后来出现的另一个机缘，也是实践争议，促使我把案例分析意义上的文章写了出来。2014年，由于雾霾严重，北京市开始考虑机动车单双号限行，并且长期施行，也就是"单双号限行常态化"。这个消息出来，引发公众高度关注，因为这对市民出行、通勤影响太大了。有媒体找到我，我就基于《财产权的社会义务》的思路，认为这是对财产权的限制，并且我认为单双号限行太过严厉，违反比例原则，是违宪的。媒体发表之后，评论区可热闹了。有支持我的，说教授说的对，这个措施对上班族、天天送孩子上学的人影响太大了；也有人骂我，说这教授家里不定有几辆车呢，反对这个政策都是出于私利。我当时感慨，如果我有几辆车，不就不怕限行了？从中也可见公共讨论有多不讲逻辑。既然有争议，那我就再写一篇，基于财产权的学理，把这个争议分析清楚，于是就有了《机动车限行、财产权限制与比例原则》这篇文章。

这篇文章对于政策制定还是起了作用的。北京市法制办的人跟我说，他们做了摘要给领导看了。后来北京市出台的办法，规定只有在雾霾红色预警的情况下才实行单双号限行，并没有"常态化"。这跟我在论文里论证的方案基本一样。

讨论实录

张翔：大家可以谈一下自己的选题经验。

学生甲：本科时做宪法案例分析，其中一个案例涉及《娱乐场所管理条例》第5条有关"因犯罪曾被剥夺政治权利的人不得开办娱乐场所或者在娱乐场所内从业"的规定，当时分析出的结论是这种限制不具有合宪性。在分析过程中，联想到《刑法》中有关剥夺政治权利的规定，意识到其中涉及宪法问题。《宪法》中出现了"政治权利"，但并未明确哪些权利属于政治权利，反而是《刑法》中作了进一步的规定，这种规定是否符合《宪法》的原意？后来我就将这一问题作为了本科学位论文的选题。

学生乙：前段时间某家长看到学校发的性教育教材后，发到了微博上，引起了较大争议，最后学校宣布撤回教材，并暂停性教育课程。这让我联想到了德国的性教育课程案。在这种情形中，国家、父母、儿童三方形成了紧张关系，涉及父母能不能垄断对子女的性教育、国家有没有权力介入以及介入的方式与程度等问题。然后我就去梳理相关规范，一开始只是从《宪法》《未成年人保护法》切入，但随着研究的不断深入，发现涉及的法律规范非常多。

张翔：两位同学的选题都是从实践争议开始。大家要清楚，法学是一门实践科学，要解决实践中的争议问题。基于实践争议的选题具有现实指向性明确的优点，但困难之处在于将这一实践问题准确安置于法学体系之中。换言之，需要首先将现实问题转换为法学问题。然后探询，对这一问题的现有学理是否已经充分？如果已经充分，你的工作就只是将既有学理运用至具体争议解决之中；如果仍不充分，你就需要去建构相关学理。前一工作相对容易，但理论意义较小；后者虽然困难较大，但也具有更高的理论价值。这种选题方式需要你对整个学科体系有一个清晰的认识，这样才能对现实争议所涉及的理论问题进行快速、准确的定位。

再举一个从实践争议中选题的例子：《"近亲属证人免于强制出庭"之合宪性限缩》。

《"近亲属证人免于强制出庭"之合宪性限缩》

《刑事诉讼法》（2012年）第188条第1款：

> 《宪法》第130条
> "被告人有权获得辩护"

"经人民法院通知，证人没有正当理由不出庭作证的，人民法院可以强制其到庭，但是被告人的配偶、父母、子女除外。"

> 《宪法》第49条第1款
> "婚姻、家庭、母亲和儿童受国家的保护"

这个题目看着有点绕吧？怎么来的呢？首先大家看一下2012年的《刑事诉讼法》第188条第1款。这一条是强调证人要出庭。应该说，为了证人能出庭，我们的理论界是做了很多努力的。按这个规定，证人不出庭，法院是可以强制其出庭的。但是有个例外："被告人的配偶、父母、子女除外"。实践中出现了争议。在一些案件中，特别是职务犯罪案件中，重要的证人就是被告人的妻子。如果妻子提供证人证言证明自己丈夫贪腐，而丈夫认为妻子撒谎，要求妻子出庭质证而妻子不愿意出庭，法院能不能强制妻子出庭呢？如果按《刑事诉讼法》的这个条文，法庭就不能强制妻子出庭，对吧？可是，大家有没有感觉到有点荒谬？

从"实践"中来

> **举例：众多职务犯罪案件中的证人出庭问题**
> 被告A之妻B提供证人证言，并提供了作证录像。
> 被告A多次要求B出庭。
> 法庭认为B应该到庭作证，但其明确拒绝出庭。
> 根据《刑事诉讼法》之规定，法庭并未强制其出庭。

强制证人出庭，是为了保护宪法规定的被告人的"获得辩护权"；而不强制配偶、父母、子女出庭，是基于宪法对婚姻家庭的保护。然而，如果妻子都指证丈夫犯罪了，夫妻恩义已绝，还有婚姻利益需要保护吗，还不能强制其出庭吗？大家有没有意识到，这个条款同时保护宪法上的两项基本权利："获得辩护权"和"婚姻家庭"，可是在这种情形下，这两项权利发生冲突了。

刑诉法学者当然关注到这个问题了，提出了解释和修改刑诉法的不同方案。而我觉得，可以从法律的合宪性解释的角度，对这个但书条款进行合宪性限缩。于是就有了这篇文章。大家看，这个题目也是从实践中来的。我是研究宪法的，哪懂刑诉法，哪懂公司法，哪懂合同法。为什么能选出这种题目来？实践争议给的启发呀。

我拿这几篇文章举例，就是想说明怎么从实践中选题。但也不是所有的实践争议都可以构成选题。你至少要问：

(1) 其中有没有法律问题。简单说，需不需要做法与不法的判断。(2) 现有规范和学理能不能解决，有没有学理争议。如果没有学理争议，也没必要写。

从规范中来

选题的第二个来源，是规范。前面我们讲了，法学是要"围绕规范"的。法学的核心工作是提出关于法规范的主张、建议和论证。其实就是法律条文应该怎样来解释，以及条文可能需要怎样修改。前一个层面是所谓"解释论"，后一个层面是所谓"立法论"。我们现在的法学研究，更加注重解释论了。毕竟中国特色社会主义法律体系已经建立，重要的是怎么解释和适用好。当然，立法论研究也一直存在。特别是这几年，法典化让立法论研究又多起来了。

> **从"规范"中来**
> 1. 法律条文（规范）应做怎样的解释？
> 2. 法律条文（规范）应做怎样的修改？
> 目标：回应实践/完善理论

我们在前面已经讲了，针对法律的解释和体系化工作，也就是法教义学，是法学的学科根本。所以，法学论文的选题，有的时候是可以直接从规范中来的。下面我还是用两篇文章来举例说明，分别是：《民法人格权规范的宪法意涵》《基本权利作为国家权力配置的消极规范——以监察制度改革试点中的留置措施为例》。

先来看《民法人格权规范的宪法意涵》。这篇文章是以《民法典》人格权编为研究对象的。我们知道民法典编纂中最大的争议就是人格权是否独立成编。我也参与过全国人大法工委组织的关于民法典草案合宪性、涉宪性问题的座谈会，当时谈过一些看法。在民法典出台前，有编辑找我约稿，关于从多学科视角看民法典。我就想写写人格权问题，因为这个问题与宪法的关系非常密切。我把基于这篇文章的讲座 PPT 贴几张上来：

三、人格权编若干规范的宪法原理

- 民法典的私法纯粹性和体系自足性
- 私法规范的公法意涵
  "政治国家—市民社会"的二分相对化
  现代宪法取代近代民法在法律体系建构中的中心地位
  纯粹私法权利也具有的社会关联性

基本权利放弃及其界限

- 《民法典》第992条：人格权不得放弃、转让或者继承。
- 第993条：民事主体可以将自己的姓名、名称、肖像等许可他人使用，但是依照法律规定或者根据其性质不得许可的除外。
- 第1006条第1款：完全民事行为能力人有权依法自主决定无偿捐献其人体细胞、人体组织、人体器官、遗体。任何组织或者个人不得强迫、欺骗、利诱其捐献。
- 第1008条第1款：为研制新药、医疗器械或者发展新的预防和治疗方法，需要进行临床试验的，应当依法经相关主管部门批准并经伦理委员会审查同意，向受试者或者受试者的监护人告知试验目的、用途和可能产生的风险等详细情况，并经其书面同意。

"个人自决"原理下的界限

- 界限：威胁到人的主体地位，走向自由的自我否定
- 标准：

  不允许一般性地、抽象地、概括性地放弃

  为了实现自己的利益，基于个人的自由意志

  "根据其性质不得许可"

  特殊权利的严格标准："书面形式"、同意、风险告知、审查批准

一个瑕疵

- 第1006条未规定民事主体可撤回捐献决定。
- 对于人格最核心内容的健康权益，对于尚未进行或者尚未完成的他人干预，个人应当可以要求停止，也就是撤回权利放弃。
- 怎么办？通过解释论来完善。

基本权利限制和基本权利冲突
限制基本权利的纯粹公法规范

第1009条：从事与人体基因、人体胚胎等有关的医学和科研活动，应当遵守法律、行政法规和国家有关规定，不得危害人体健康，不得违背伦理道德，不得损害公共利益。

第1015条：自然人应当随父姓或者母姓……

基本权利冲突规范

- 第999条：为公共利益实施新闻报道、舆论监督等行为的，可以合理使用民事主体的姓名、名称、肖像、个人信息等；使用不合理侵害民事主体人格权的，应当依法承担民事责任。

- 第1021条：当事人对肖像许可使用合同中关于肖像使用条款的理解有争议的，应当作出有利于肖像权人的解释。

- 第1027条：行为人发表的文学、艺术作品以真人真事或者特定人为描述对象，含有侮辱、诽谤内容，侵害他人名誉权的，受害人有权依法请求该行为人承担民事责任。

  行为人发表的文学、艺术作品不以特定人为描述对象，仅其中的情节与该特定人的情况相似的，不承担民事责任。

- 第1028条：民事主体有证据证明报刊、网络等媒体报道的内容失实，侵害其名誉权的，有权请求该媒体及时采取更正或者删除等必要措施。

文章的内容，大家有兴趣可以自己去看。这里讲如何从规范中选题。在看《民法典》人格权编的时候，不难发现民法人格权保障与宪法的人权保障有密切联系，而人格权编的很多规定，具有强烈的宪法意涵。有些规范，以公法的眼光看，就是关于基本权利限制的规定、关于基本权利冲突的规定、关于基本权利放弃的规定。那么，这些民法规范的解释和适用，就会影响基本权利保护的效果。我看完有一些担心。比如基本权利冲突问题，不难看到，民法上的人格权保护可能会对言论自由、艺术自由、教学自由、科研自由形成限制。那么，如果民事法官没有意识到这些，而是习惯性地倾向民事权利的保护，会不会导致宪法权利被压抑的结果？于是，我就写了这篇文章做了分析。大家理解吗？这个选题是从规范中来的。也就是说，并没有从实践出发，而是单纯看规范本身，发现其在解释适用上可能出现的问题，以此作为选题。

再举一个例子：《基本权利作为国家权力配置的消极规范——以监察制度改革试点中的留置措施为例》。这篇文章是针对"留置"的，这是监察体制改革的重大争议点。我们来看一下《宪法》第37条关于人身自由的规定：

留置措施的合宪性

> 宪法第三十七条
> 中华人民共和国公民的人身自由不受侵犯。
> 任何公民，非经人民检察院批准或者决定或者人民法院决定，并由公安机关执行，不受逮捕。
> 禁止非法拘禁和以其他方法非法剥夺或者限制公民的人身自由，禁止非法搜查公民的身体。

问题自然就出现了:留置作为一种对人身自由的限制,是不是符合《宪法》第37条的要求呢?以及,如果留置主要针对党员干部的话,可否认为是社团对成员权利的合理克减呢?入党时宣誓"遵守党的纪律",是不是一种基本权利的自我放弃呢?也就是说,看监察法的草案,从这些规范中就可以发现这个选题。当然,前提是你脑子里有关于基本权利特别是人身自由等的学理。

从理论中来

还有一种选题,就是直接从理论中来。这对于初学者可能有一定难度,毕竟实践和规范比较直观,而理论相对抽象,一上来就能从理论中看出问题,应该说不容易。我举一个从理论中选题的例子:

> **从"理论"中来**
>
> **举例:《刑法体系的合宪性调控——以"李斯特鸿沟"为视角》**
>
> 摘要:国家刑罚权的控制也是宪法学的课题,有必要将刑法学的学理置于宪法教义学的观察之下。刑

> 事政策与刑法体系的区隔（李斯特鸿沟）具有宪法意义。刑事政策并非必然外在于实证法，而应该以宪法为实质来源。刑事政策的宪法化有助于消除刑事政策的模糊性，缓和其对实证法体系的冲击，补强其批判立法的功能。应该构建具有宪法关联性、以基本权利为核心的法益概念，使其兼具解释和批判立法功能。刑罚制度的政策性调整应该接受比例原则的审查。基于此，有关《刑法修正案（九）》中"扰乱国家机关工作秩序罪"的设立、严重贪污受贿犯罪可适用终身监禁等争议问题的刑法学分析，可以得到宪法教义学的补强与回应。可以说，两个学科共同承担着对刑法体系的合宪性调适任务。

这个选题要感谢《法学研究》的李强编辑。当时他们筹办一个关于刑法体系的论坛，跟他聊的时候，他说希望是一个多学科视角的论坛，并建议我也可以参与一下。我对刑法也不懂啊，但是确实也关注宪法与部门法的关系问题，于是就想试试。当时一个最粗浅的认识是，刑法是要控制国家的刑罚权的，这跟宪法控制国家公权力在基本理念上是相通的。但是，具体该从什么角度去切入，一开始并没有想法。

于是我花了大半年时间看刑法学的论文和著作。看的过程中,我发现刑法学者非常关注一个问题:刑法体系与刑事政策的关系。陈兴良、张明楷、劳东燕、车浩、邹兵建等很多学者都写过相关的论文。有一个术语描述这个问题:"李斯特鸿沟"。简单讲,刑法体系应该具有封闭性,但又不可避免地要受到刑事政策的影响。这种情况下,刑法学就必须区隔刑法体系和刑事政策。我看他们的讨论,大家都认为刑事政策是外在于实证法体系的,引入刑事政策会动摇罪刑法定主义。我就想,刑事政策是外在于刑法体系的,但完全可以是在宪法秩序笼罩下的呀。那么,是不是可以用宪法来控制刑事政策的模糊性?再看,发现刑法学者在讲法益理论的时候,会认为宪法是法益的来源之一。然而,真正结合宪法的展开又非常少。于是,我就构想了从刑法的"李斯特鸿沟"切入,去讨论刑法体系的合宪性控制的论文。这个题目,可以说完全是从理论中来的,是观察刑法学的理论讨论而构想的。当然,等到写的时候,随着理解深入,也找到了其实践层面,最后是结合了《刑法修正案(九)》写的。但一开始,选题想法是从理论中来的。

归纳一下,基于法学是实践科学和规范科学的认识,我们可以从实践争议问题和规范的解释适用的角度,找到选题。理论选题其实是间接的,最终也指向规范解释和实践应用。这就是我概括的选题的三个来源了:实践来源、规范来源和理论来源。

有没有别的来源？可能有，比如说比较法。但我觉得比较法的选题基本都可以归纳到这三个来源里面。毕竟，我们做比较法的参考，最终也是要解决中国法律体系下的中国问题。此外，跨学科的研究，当然会有其他的选题方法。这就要看，所跨的学科的方法论如何。侯猛他们关于法律与社会科学的研究方法，也有指引和介绍的文章和书。同学们可以参考。

但有一点还是要强调，如果没有专业知识，没有建立起专业的理论体系和思维框架，我讲的这些都没有用。我想这一点大家都意识得到。

规范、案例和文献的检索

题目确定以后，在正式写作之前，需要做哪些准备呢？首先是检索。检索最基本的有这几个方面：规范检索；案例检索；文献检索。

首先，规范检索。你所关注的这个选题，相关的实定法规范是什么？法律人遇到问题，首先会去想："法律是怎么规定的？"这跟别的学科的人，或者说没学过法律的人会不太一样。听说一件事之后，普通人做评价，可能会说："我觉得……"，而法律人会怎么说？法律人可能会说："让我先看下法条"。前面说过，法律思维的最基本特征是所谓"援法而言"，就是这个意思。

大家可能会说，如果我对法条特别熟，是不是就不用翻了？有可能，你是某个领域的专业律师、法务或者法官，天天都接触那几个条文，可能真的背得滚瓜烂熟，张口就来。但再熟，你也需要翻法条。这不光是因为没人能把法条都背下来。（插一句，学法律的人都被别人问过："你们是不是要背很多法条"以及"你们是不是把法条背下来就够了"。很无语，是吧？）更关键的问题在于，法律是一条一条的，可是法条的解释可能性却是无穷无尽的。两个条文，单看好像毫无关系。可是在特定的实践问题下，这两个条文会跨越千山万水发生联系，并被解释出新的意思来。举个例子，你觉得反垄断法跟宗教自由有关系吗？一般都会觉得没啥关系，对吧？但是国外发生过这样的案例：一个废品加工厂，突然发现收不到旧衣服等原材料了。怎么回事呢？原来是因为一个教会的外围组织搞慈善，收旧衣服送给贫困国家和地区的人。当地教徒众多，都把旧衣服捐给教会了，废品加工厂没货源了。这个工厂就提起诉讼，说这是垄断。挺有意义吧？宗教与反垄断，我们直觉不搭界的两个问题，在实践中碰撞了。于是就产生了新的法解释问题：出于宗教慈善的目的收废品，受宪法上的宗教自由保护吗？这就涉及基本权利的保护范围问题，涉及宗教自由条款的解释问题了。再举个例子，制定《学前教育法》的时候，关于社会力量办学有争议。有人来问我，我只是模糊记得宪法里有规定，翻开《宪法》找到第19条，才发现原来那么有意思，结合实践以后有全新的解释空间。

这提示我们，你要研究的题目，关联的规范可能很多。同时，法条的解释可能性也很多，不同条文组合到一起，也许有新的解释可能性。我接触过的很多国外的大法官和法学教授，有时候问他们问题，他们会说："让我看下法条"，然后从口袋里掏出宪法小本本或者其他的法律汇编之类的。咱们以前有些研究法律的，却不重视法条。你问他这个问题法律怎么规定的，他跟你说："法条有什么用？听我给你讲理论。"也有学生毕业到律所工作被律师批评："你学了好几年法律，怎么连法条检索都不会？"同学们很委屈，说老师光给我们讲理论了。现在好多了，现在的法学教育非常重视规范检索了。

关于规范检索，还是拿《财产权的社会义务》举例。我检索出来的规范有：《上海市居住房屋租赁管理办法》《历史文化名城名镇名村保护条例》《中华人民共和国自然保护区条例》《著作权法》《公司法》，等等。里面都有关于对财产权的非征收的限制，涉及多个部门法，也涉及法律、行政法规、地方性法规多个层次。那我怎么会想到在这些法律法规里可能有财产权的单纯限制呢，又怎么检索的呢？比如，关于住房租赁管制，我之前读过许德峰老师的《住房租赁合同的社会控制》(《中国社会科学》2009年第3期),其中讲到了房屋租金的问题。而我在读文献时发现,房屋租赁在比较法上被认为是一个重要的财产权问题。房地产那么热,各地对房屋租赁的管制非常多。于是我就在数据库输入一些诸如"房屋""租赁"的关键词进行检索。至于为何想到古迹保护和环境保护,其实不难理解。因为土地和房屋是最重要的财产类型,而土地和房屋受到非征收的限制,由此自然就想到了古迹保护与环境保护。关于著作权,我从"一个馒头引发的血案"就开始关注,当时就意识到其中涉及财产权的限制问题。例如,在很多国家,图书出版后都必须免费送国家图书馆一本,这也是财产权限制。至于《公司法》中职工参与权的规范,是后来补充进去的。因为我在做比较法梳理时发现,德国最重要的一个相关案例是雇员参与决策案,然后联想到我国《公司法》对这一问题也有相关规定。这种检索对深化理解选题、提升选题的学术价值非常重要。

当然,这种规范检索,跟大家做律师、做法务的规范检索还是不太一样。说到这个,不能不提到案例检索。这不是我的长项。如果要说怎么利用合宪性审查和备案审查案例,我可能还能讲讲。对于刑法、民法、行政法的案例检索,我确实不擅长,不过这方面应该有很多人讲,大家在网上搜搜,资料很多。规范检索、案例检索,既是大家做法律实务的基本功,也是法学论文写作的基础。原因很简单，法学是规范科学、实践科学，必须先把规范和实践搞清楚才能写作。

还有文献检索，这个也有很多人擅长。图书馆的工作人员、数据库的推销人员肯定比我讲得好。后面在"具体操作"部分，我会讲一些与学术写作紧密相关的文献检索问题。

阅读、标记、批注、笔记、综述

文献检索搞定了，就要开始阅读。要提示大家的是，学术研究的阅读，一定要做好标记和批注。最基本的就是写写画画，在书上，在打印出来的论文上，写写画画。过去，很多人爱惜书，不愿意把书弄脏了。现在书又没那么难得，没必要舍不得画。如果你是想藏书，觉得这书这么漂亮，乱画乱写会把书糟蹋了，那就买两本，一本收藏，一本做标记。书是要看要用的，只有做了标记和批注，才能有效地用起来。

除了在书上做标记、批注，还有一个办法就是贴纸条。现在有便利贴，各种大小和颜色，用做不同类型的批注，很方便。我看书贴纸条的习惯，是跟我的老师韩大元教授学的。我第一次去他办公室，发现他书架上看过的书里，都夹着纸条。夹纸条的优势在于，你想找你看过觉得有用的地方，一翻就到。如果一本书里夹的纸条多了，可以在纸条上端写上关键词，也就很好检索。

当然，这些都是老办法。大家现在都习惯看电子版，论文下载PDF版，书也是电子书。标高亮、做检索更容易了。不过我还是比较坚持老习惯，初步浏览后，重要的文献还是打印出来看。当然我也用电子笔记，比如"印象笔记"，后面讲修辞积累的时候，我再讲这个。

题目选定、资料检索好以后的阅读、标记和批注，可能要持续几个月。有些看不懂的要反复看。看完一篇新的，可能需要回过头去把旧的再翻出来看看。这个过程，有可能需要做笔记，怎么做笔记，后面讲学术积累的时候再细说。此外，学术综述往往是论文写作的第一个阶段，学习写学术综述，也是写作训练的开端。关于综述怎么写，大家可以搜一下清华大学法学院程啸老师的文章《法学研究中的文献综述》，写得很好。

在选定题目，并做了阅读、标记、批注、笔记、综述等准备工作后，正式开始写作前，是个什么状态呢？以我而言，开始写作之前我的办公桌上会摆着十几本书，还有一叠打印好的论文和其他资料。书里做了标记，夹了纸条。自己买的书当然可以写写画画，图书馆借来的，就只能夹纸条了。看过的论文里画了道道，可能还用荧光笔涂过。这些打印好的资料，等写完论文后，我会用一个纸袋子装起来，上面写上论文题目。这些纸袋子会码在柜子里。大家可能会问，你留着这些有什么用？也没什么用，等退休的时候可能就当废纸卖了。但这都是自己工作的记录。等到一篇文章写完了，论文袋子码进柜子，书放回书架或者还给图书馆，桌面就干净了。然后再开始下一轮。别人来我办公室说怎么这么乱，我说你没赶上我刚写完论文的时候。

做好这些准备以后，就可以进入写作了。

结构安排

这一讲是关于论文的结构，作为样本的是我的两篇论文：《祛魅与自足：政治理论对宪法解释的影响及其限度》（《政法论坛》2017年第4期），《宪法教义学初阶》（《中外法学》2013年第5期）。这两篇论文都是讲方法论的。论文的基本结构其实很简单，可以分为三大块：导言、正文、结语（结论）。下面我们分别来讲，但只是讲形式，各部分的实质内容是要靠自己思考的。

导言要说哪些话

导言，有的时候我会把它叫作"问题的提出"。"导言"或者"问题的提出"要讲什么？

导言、问题的提出

> 说明问题意识
> 简述既有研究及其不足
> ----
> 界定研究范围
> 交代研究思路/研究方法
> 介绍文章结构

（一）说明问题意识

导言首先或者说核心是要说明作者的问题意识是什么、为什么要选择这个题目。做研究、写论文，首先得让别人知道你要干嘛。"问题意识的说明"是导言最核心的内容。我后面要讲的其他几点内容，其实在导言里也不一定写。但是，"问题意识"是必须要写的。

导言没有固定的形式和篇幅。可以是一段或者几段冠以"导言""引言""导语""问题的提出"的文字，也可以只是正文开始之前的三行话，或者一个"帽段"。三句话能说明问题意识，当然也可以。我觉得，一个学科越成熟，学术共同体对于需要研究哪些问题越有共识，论文的导言可能就越短。因为你一说，别人就知道你的问题是什么，你要研究什么。但是，如果对"为什么要研究这个问题"没有很高的学术共识，你觉得自己提的是新问题、真问题，是创新，别人可能不理解，觉得是老问题、假问题、不值得写的问题，导言可能就得写长一点。三句话行，三页纸也不是不可以，只要别"三纸无驴"就好，如果问题的提出需要写三页，那就写三页。有的时候，提出好问题，就已经是巨大的学术贡献了。

给大家举例子的这两篇论文，《祛魅与自足：政治理论对宪法解释的影响及其限度》有一个"问题的提出"部分，而《宪法教义学初阶》只是在正文前有七八行话，这两种都是导言。我写过的最长的导言是《基本权利的体系思维》的导言，写了三页多。那篇文章野心有点大，既想提出问题，又想考察比较法，还想给出中国方案，导言不写长点 hold 不住。最终，文章也写了近四万字。导言可以不拘泥于形式，但核心是要说明问题意识。

（二）简述既有研究及其不足

导言要解决的第二个问题，是对既有研究的概述，也就是说明既有的研究及其不足。荣新江老师的书《学术训练与学术规范——中国古代史研究入门》也讲到了，学术史综述是很有必要的。但是他又说，学术史综述不好处理。不好处理在哪？主要是综述要把这个议题下别人的观点都说到，有陈述有评价，就可能写得特别长。怎么办呢？我觉得荣老师的办法蛮好:把文献综述先写成一篇小文章投稿发表,再写自己的论文的导言的时候,做一个注释就可以了。也就是,在导言里说明对此问题已经有相关研究,涉及的文献参见笔者之前的综述论文。

在导言里综述既有研究,经常要用到注释,也就是在注释里把相关的文献标注出来。举例说,我在《基本权利的体系思维》导言里要概述"中国法教义学研究的方法论自觉",在这里我列举了若干文献,包括陈兴良、许德峰、蔡桂生、林来梵、郑磊等各位老师的论文。这部分就是一个既有研究的文献梳理。我要告诉读者,可以通过这个梳理去找到之前的研究,然后就会明白我为什么要写这么一篇论文了。

《财产权的社会义务》引言

> 我国宪法学界对于财产权的研究,较多关注的是财产的征收及相应的补偿问题,对于法律制度中普遍存在的"不予补偿的单纯财产权限制"较少涉及。宪法财产权的教义学有必要在此方向上进行体系完善。对于财产权的不予补偿的单纯限制,体现的是财产权应当承担社会义务的理念。从绝对保护私

> 人的财产自由，到强调财产权的行使同时须有助于公共福祉，理论变迁的背景是人类生存状态的根本性转变以及由此带来的权利哲学的变迁。关于财产权的社会义务的研究，对于确定财产权的社会边界，解决部门法制度中的相关争议，调和我国《宪法》第13条私人财产权条款与第1条第2款社会主义条款之间的紧张关系，乃至弥合社会中不同意识形态群体的对立，都有现实的意义。

综述不是单纯介绍既有研究，关键是要指出既有研究还有什么不足的，还有什么没涉及的。这才构成了你的文章写作的正当性。以我的《财产权的社会义务》这篇文章的导言为例，论文导言的第一句话是：

> 我国宪法学界对于财产权的研究，较多关注的是财产的征收及其相应的补偿问题。

这句话后面有一个注释，告诉读者宪法学界关于"财产征收和补偿"的研究有哪些。但是，脚注里我只列了两篇文献。相关研究太多了，我不可能全部列出来，就只举了最有代表性的学者的最有代表性的论文为例。一篇是这个领域最早的研究，一篇是比较晚但比较全面具体的研究。

导言的第二句话是：

> 对于法律制度中普遍存在的不予补偿的单纯财产权限制较少涉及。

这句话是在说明问题意识，说明既有研究的不足。所以导言第三句是：

> 宪法财产权的教义学有必要在此方向上进行体系的完善。

所以，导言的这前三句话，就是提出问题，综述既有研究及其不足，说明我为什么要做这个研究。

（三）界定研究范围

导言的下一个问题是界定研究范围，这个问题是"你要研究什么""你大概是要说些什么东西"。还是以这篇文章的导言为例往下讲。我继续说明，"不予补偿的单纯财产权限制"涉及财产权的社会义务问题，我要研究这个问题。这样就界定了本文的研究范围。我认为，在导言里界定研究范围特别关键。你不把这个问题说清楚，论文的研究和写作就会变得散乱。有的人写文章习惯"放任"，写到哪里算哪里，这在学术写作里是不可取的。如果不在导言里把研究范围界定清楚，不只是论文"对读者不友好"，更重要的是论文写起来收不住，写完后可能非常散乱，很难改，也很难发表。

（四）交代研究思路/研究方法

导言接下来要说明"你将基于一种什么思路去研究"。还是以《财产权的社会义务》为例，在既有研究概述及其不足的说明后，我是这样写的：

> 对于财产权不予补偿的单纯限制，体现的是财产权应当承担社会义务的理念。从绝对保护私人的财产自由，到强调财产权的行使同时须有助于公共福祉，理论变迁的背景是人类生存状态的根本性转变以及由此带来的权利哲学的变迁。关于财产权社会义务的研究，对于确定财产权的社会边界与解决部门法制度中的相关争议，都有现实意义。

这段话里面包含了几个层次：首先是界定了问题的范围，说明我要研究"财产权的社会义务"；其次，解释财产权规范背后的社会背景的变迁、权利原理的变迁；最后，说明这项研究是要处理我国的现实问题。这样，我在导言中就说明了这篇论文大概要说些什么,也就是说明了研究思路。

(五) 介绍文章结构

引言的内容还可以包括对文章结构的介绍。特别是比较长的论文,可能需要在前面说明一下,论文将要讨论哪几个方面的内容。对于读者而言,这是一个很大的便利,知道论文大概会按什么路径展开。对于一个本领域的专家而言,有时候读到这儿就够了,不需要往下读了:如果我现在还不打算专门去做这个题目,我读完导言大概知道你要写什么就行了。有个印象,将来研究涉及的时候能够想起来,也就够了。对于作者而言,介绍文章结构,其实也是在搭建论文框架,给自己一个引导。

(六) 要照顾读者

论文写作,一定要有照顾读者的意识,永远要有读者的视角。导言尤其如此。你要不断问自己:如果一个本专业不研究这个问题的人,他看了导言能够 get 到什么;一个相关专业的人,看了导言能不能大概知道我在研究什么。写文章永远是在跟读者交流,导言尤其要能把读者引导进来。我总觉得,写好导言,论文就成功了一大半。

（七）导言什么时候写？

大家可能会说，导言在论文最前面，而且要把问题意识、研究范围、研究思路都说清楚，所以当然应该一开始就写。但我跟学者们交流，有的人却说自己是最后写，文章写完了，最后再写导言。不同的人可能有不同的习惯。对于我来说，导言是"从头写到尾"。怎么个"从头写到尾"呢？我开始写论文时，会先就一些基本的想法、问题意识，写一小段话。哪怕只是一个非常初步的简单想法，我也先写下来，然后大概规划一下论文的内容。这算一个导言的雏形吧。但写作过程中，我会不断回到导言上来。写完论文第一部分，我发现可能需要把导言重新写一下；论文第二部分写完，发现可能还得重新写一下导言；每一部分完成的时候，可能都要把导言重新调整一下。论文全部完成了，还要回来改导言。所以导言的写作其实是什么呢？其实是整个写作的一个缩影，是随时提炼、随时梳理自己的想法的过程。所以我的经验是：通过写导言来掌控整个论文的写作。

（八）导言会很长，"三纸无驴"？

前面讲了，导言要交代问题意识，要概述既有研究及其不足，要界定研究范围，要说明研究进路和研究方法，要说明论文结构，这么多内容，会不会很长？会不会给人啰啰嗦嗦说半天还没切入正题的感觉?我虽然说了导言不拘泥于形式和篇幅,但是大体来说,还是不要太长,控制在五六百字以内。导言是很见功力的。你要用五六百字把这么长的一篇文章 hold 住,言简意赅还要逻辑清楚,让人一目了然还觉得有"干货",要吸引住读者,让大家有兴趣看下去。

下面还是以《祛魅与自足:政治理论对宪法解释的影响及其限度》为例,看到底如何写导言。我把其中第一部分"问题的提出"全部放在下面了。

《祛魅与自足:政治理论对宪法解释的影响及其限度》导言

> 对宪法的研究从来就不只是法学的,甚至不主要是法学的。
>
> 然而,当出现了将宪法当作法律去解释和适用的需要的时候,作为一种法律职业叙事的宪法学就展现出一定的独立性。而当这种法学的逻辑自足发展到刚愎乃至颟顸的时候,社会科学对于法学的"祛魅"就是题中应有之义。
>
> 然而,这种"祛魅"毕竟不会消解作为法学的宪法学的意义,因为宪法解释和适用的任务是现实的。当面对社会科学的耳提面命的时候,宪法学也要

用自己的视角去打量这种法学之外的知识和方法。即使我们接受来自社会科学的决断,我们也要用法学方法落实为无可辩驳的法律话语,让人民相信法律,信仰法律,用法治主义去消解思想和理性的狂飙。

在当下中国,从政治学特别是政治哲学出发对宪法的研究是一个重要的学术潮流。这种研究进路的价值是不能否定的。但是,如果我们对宪法的研究永远停留在理念与原理的层面而不能落实到技术与规范的层面,"宪法之治"的目标是不可能实现的。从而,以狭义的法学也就是法解释学的视角去观察政治理论对宪法解释的可能影响就是一个必要的课题。这一过程也必然是一个"宪法学的中国化"的过程,因为这项研究最终是要落实在中国的宪法文本、制宪历史和政治思想背景的。

下面,笔者想以基本权利的相关问题为例,去考察政治理论和权利哲学是怎样影响宪法解释的,以及宪法学如何理解和应对这种影响。这是一种从法学的内部视角出发的观察,其基本进路和方法还是法解释学的。

先看第一句:

> 对宪法的研究从来就不只是法学的,甚至不主要是法学的。

说实话,这句话是我憋了好久憋出来的,是想用一个"警句"震撼一下大家:为什么这句话会提出这么奇怪的一个论断?怎么回事?然后下面有个转折:

> 然而,当出现了将宪法当作法律去解释和适用的需要的时候,作为一种法律职业叙事的宪法学就展现出一定的独立性。而当这种法学的逻辑自足发展到刚愎乃至巅顶的时候,社会科学对于法学的"祛魅"就是题中应有之义。

注意,我数了一下,这段话包括了四个转折。第一句话本身就是个转折,第一句话结束后有一个"然而",又一次转折了,我想说的其实是,对宪法的研究不只是法学的,但是法学有它的独立性,宪法学作为法学有它的独立性。下一句再一次转折,我想表达这一层意思:这种独立性自主性发展到一种僵化的程度的时候,就要对它进行祛魅。再往下一转,这种祛魅并不会消解作为法学的宪法学的意义,因为宪法的解释和适用的任务是现实的。

大家看这几句话,其实我是想在几重转折中讲明问题意识。大家体会一下,这段话五六百字,我当时应该是写了两天以上的时间,直到论文完成才最后确定下来。既要惜墨,又要传递出足够多的信息,就得反复锤炼。

下面表述的就是我这篇文章要解决的问题:

> 然而,这种"祛魅"毕竟不会消解作为法学的宪法学的意义,因为宪法解释和适用的任务是现实的。当面对社会科学的耳提面命的时候,宪法学也要用自己的视角去打量这种法学之外的知识和方法。即使我们接受来自社会科学的决断,我们也要用法学方法落实为无可辩驳的法律话语,让人民相信法律,信仰法律,用法治主义去消解思想和理性的狂飙。

这是说明问题意识,论文所为何来。再往后我讲了一个背景,其实是一个学术史的综述:

> 在当下中国,从政治学特别是政治哲学出发对宪法的研究是一个重要的学术潮流。这种研究进路的价值是不能否定的。但是,如果我们对宪法的研究永远停留在理念与原理的层面而不能落实到技术与规范的层面,"宪法之治"的目标是不可能实现的。从而,以狭义的法学也就是法解释学的视角去观察政治理论对宪法解释的可能影响

就是一个必要的课题。这一过程也必然是一个"宪法学的中国化"的过程,因为这项研究最终是要落实在中国的宪法文本、制宪历史和政治思想背景的。

这一段实际上就说明了我的研究思路和研究方法。但是,大家看得到,这是个很大的、对整个宪法学的描述,但是我最后把它界定在了一个很小的领域:

下面,笔者想以基本权利的相关问题为例,去考察政治理论和权利哲学是怎样影响宪法解释的,以及宪法学如何理解和应对这种影响。

这就是我要写的内容。之后我从方法论层面上讲:

这是一种从法学的内部视角出发的观察,其基本进路和方法还是法解释学的。

大家可以体会一下作者的用心。作者是什么想法、想要交代哪些问题。咱们琢磨琢磨,讨论一下,你们有没有问题和想法,畅所欲言吧。

荣新江老师给学生们提供了一些逻辑性强、篇章合理、文字凝练的范本,例如田余庆先生的《北府兵始末》和

《东晋门阀政治》,后者我看过了,大家有兴趣可以去看看。我也给大家找了一篇范文,拿我自己的文章来做例子,我自己最能说清楚,我是如何布局、如何构思的。大家讨论或者提问吧。

讨论实录

学生:老师,您在这篇文章中表达了一个比较曲折的推导过程,如果您现在写这篇文章,会不会选择更加直白的写法?

张翔:的确,这篇文章中的引言写得是比较绕的。2007年写这篇文章的时候,起的标题叫作《政治理论对宪法解释的影响及其限度》。那个时候国内的政治宪法学还没有真正兴起,宪法学的方法论讨论还没有对政治与宪法的关系做很深入的探讨。所以,我这篇文章其实是在说一件我觉得大家还没开始讨论的问题。有时候,一个大问题,是涉及整个学科根本的思考方向、思考路径问题。或者说,你要写一个别人没觉得是问题的问题,就有点费力推销的意思,就写得比较的复杂。

这篇文章的导言之所以复杂,与当时的研究格局也有关。宪法学与政治学等学科的区别还没完成。我想说对宪法的研究本质上是多学科的,但又要强调作为法学的宪法学有它的独立性。在未完成学科分化的时候讲学科分化，就会有比较多的话需要交代。这比起我另一篇文章研究的财产权问题就要复杂得多。财产权那篇文章想解决的问题，我一句话就能交代清楚：我们现在对财产权的研究主要是解决征收和补偿问题，而我是在征收和补偿之外要研究别的东西。但政治理论这篇文章，我不可能用一句话交代整个问题的学术背景。导言可长可短，取决于文章的实质内容。

学生：老师，请问研究范围和研究思路是不是有交叉的地方？

张翔：研究范围，大概是说你要研究什么问题，你要研究的问题里面自然就带有你的思路。我们经常说，问题本身蕴含了答案。很多时候提问本身就蕴含着答案在里面，所以这两个方面很有可能是一体的。

学生：我想问一下，当时那个学界研究格局中，您是如何想到写这篇文章的呢？

张翔：我当时看了一些法哲学的著作，里面讲了一个概念"法体系的自我观察"。也就是说法律系统自己去观察自己以及从外部去观察自己的问题。2007年的时候，法学界的方法论自觉，还没有像2013、2014年那样。到2013、2014年的时候，大家的研究立场都明确了，而不像开始那样朦朦胧胧。

另外一个原因是，我当时看了一些美国宪法学著作，看到美国宪法学界、政治哲学界在引入共和主义的视角。共和主义跟自由主义的价值是类似的,但是不完全一样。当时美国一批学者在主张共和主义的视角。我开始看到这样一种研究,发现《耶鲁法律评论》曾经有一期在专门讨论这个问题,然后去追的时候,我发现了这个问题。大家知道现在研究比较多了,包括后来从耶鲁回来的几位博士都在讲这个问题。

所以当时其实是朦朦胧胧意识到,宪法和政治的关系问题还有得说。我关注的是,政治理论会影响到宪法的解释。这是因为我当时在做宪法解释,但自己对政治理论的兴趣一直都在。所以我会琢磨:政治理论到底会怎样影响到宪法?

说回共和主义。看了文献以后,我发现有人从自由主义的视角去解释美国宪法,有人从共和主义的视角去解释,结论是不一样的。在当时那种情况下,还没有人真正地深入到中国宪法的层面去想这个问题,即"政治理论与宪法解释的关系"。大家可以看到这篇文章是 2007 年发表的,其实在我出版《基本权利的规范建构》(高等教育出版社 2008 年版)的时候,序言的第一句话是"中国宪法学可能正在经历一场法解释学的转型"。在我最初看到这篇美国文献以后,我把它放到中国宪法的视角之下思考,便形成了自己上述的判断。这篇文章是在这样一个背景下构思完成的。

学生：老师，您那篇文章我当时非常仔细地看过。您这篇文章发表的时候，我是本科二年级，我读的时候已经本科三年级了。后来有别的学校的老师跟我说，这篇文章有理论上和方法上的创新，这篇文章说明了宪法教义学与权利哲学、政治哲学之间的关系。

我还看到，《基本权利的规范建构》这本书的第2章和第3章，讲基本权利的受益权功能的时候，有一个脚注，这个脚注讲的就是政治哲学对宪法解释的影响：如果你秉承一种纯自由主义的权利哲学，就不会承认基本权利的受益权功能。所以我相信张老师一定是在写博士论文的时候，就已经有了关于"政治哲学应该具体怎么样去对基本权利解释产生影响"这一问题的思考。

当然，我觉得这篇文章应该还有一个大背景，那就是当时共和主义政治哲学正被介绍到国内。当时应奇、刘训练他们编译了一本书《公民共和主义》，还有张老师提到《耶鲁法律评论》那一期专题文章都被翻译引进了，统一汇编到一本书里头，包括桑斯坦他们写过的《共和主义的复兴》。

另外还有一件有意思的事情，从 2007 年到现在整整 10 年了，我们宪法学一直在跟别的学术流派争论，彼此区分对宪法的研究不一样的地方。好像这 10 年来我们一直在不停地跟别人划清界限，这是个挺有意思的事情。但其实再仔细想也是个略微有点伤感的事情，为什么一个学科一直要跟别人说我是干什么的？

张翔：你说得对，有点伤感！陈征老师和我讲："2007、2008年（宪法教义学）这个方向已经很明确了，怎么后来立场又软化了？"这挺有意思。我为什么会研究这个问题？在这篇文章之前，我一直在研究基本权利。这篇论文的大部分内容还是在讲基本权利的解释。当我研究到自由权和社会权的时候，我意识到自由权和社会权背后，有两套不同的政治理论和社会理论，深入研究下去很可能就进入到政治哲学的领域了。

其实我在读博士期间不是没有这种换专业的冲动。读博士期间，我选修了北大哲学系的政治哲学课，我去听韩水法老师的课，跟着韩老师阅读自由主义的经典著作，也参与做报告。甚至我在博士读到第3年、写博士论文期间，我还有个想法：要不要去北大哲学系再去做博士后？但我的想法在博士论文写完之后又发生了变化，大概是这样子，这个背景交代一下，但这不是我们今天要讨论的主要问题。我们继续讲。

（九）引言写得很长怎么办？

此时就要"敲打和凝练"。我想给大家推荐一本书：《说八股》。中国古代的文章做法有一套非常高明的东西，大家要去"偷"，能偷回来一点就不得了。传统文章做法里的锤炼文字，值得去学。

以上是关于引言的问题。

从一个 idea 开始强分结构

正文的谋篇布局，具体要依据研究课题而定，这里我跟大家讲一些基本的技巧，这也是我多年写作积累的一些经验，不一定成熟，而且有时候也不一定成功。

首先的经验是：开始思考的时候强制自己分层次，哪怕你只有一个念头。比如说，写《祛魅与自足：政治理论对宪法解释的影响及其限度》的时候，我的一个念头就是：政治理论会对宪法解释的结果产生不同的影响，同一条文按照不同的政治理论解释结果不一样，这跟法治要追求确定性有张力，有冲突，对不对？

在只有这么一个想法的情况下，我就必须给写作分出层次来。怎么分？我是这么想的：

第一，你得把这件事情描述清楚：政治理论会怎样影响到宪法解释。当时我茫然不知，甚至不知道从哪里下手去找资料。我虽然有一些模糊意识，能找到一些我过去看到的文献片段，但具体要如何展开论述，我不知道。但我觉得至少要先描述：政治理论对宪法解释的结果可能有什么影响。

第二,我想说明这种影响不能是无限的,必须要维护法的确定性。

第三,自然而然,就要落在"怎么去维护法的确定性"这个问题上。

就这样,当时我想到这个 idea 以后就硬着头皮分出层次,这篇论文最后总体上大概也是按这个层次结构写下来的。

《祛魅与自足:政治理论对宪法解释的影响及其限度》

一、问题的提出
二、文本分析与理论导向的紧张关系
三、政治理论是怎样影响宪法解释的——以自由主义和共和主义的权利观为例
四、"祛魅"抑或"滥用"——理论论证的可能危险
五、回到制宪历史、规范环境和宪法文本——为理论论证寻找确定性

你要硬着头皮做"给自己的思路分层次"的事情。这不一定是有效的,我拿这篇文章举例子来说明,这篇文章最后写出来的结构和我最开始的构思差不多。不过,有更

多写作,刚开始分的层次到后来根本不成立。但是,大家一定要在最开始就去做这个工作。

我开始动手写文章,会创建一个文档,把自己最基本的想法写进去。有时候只能写两行。过一段时间,我再去思考这个问题,有了些新的想法,就打开这个文档再写一点。想法有了,继续读文献,思考层次就会出现,那就把它写下来。所以一篇论文最早可能只有一个基本想法,下面三四行,写的是想到的几个要点。

写作中的细分、合并、取消、重拟

初步列的结构,在写作中是要随时调整的。经常出现的情况是,文献看着看着,就会发现原来的结构有问题,需要调整。比如说原来列了一点,但实际上这个问题下面有好多个方面,可能要把这一点再继续细分;有的时候会发现,某两个点需要合并;考虑文章整体与各部分的协调,有的部分与主题关系不大,可能需要取消;发现了原来没想到的点,需要增设新的层次。文章的结构,在写作中可能是要重新拟定的,这是正常的过程。

与框架的初拟、细分、合并、取消、重拟并行的,是文献材料的梳理。学术论文的写作,是所谓"守先待后",

结构安排

一定要去看别人的既有研究。看的时候，可以把这些文献往自己列的结构中填充。你看一篇文献，发现这个内容可能在自己论文的第一部分用得着，另一篇文献的另一段话，可能在自己论文的第二部分会用到。把这些重要的文献素材边看边往自己的文章结构里填。然后，你初步搭建的论文结构就在文献积累过程中开始成长。直到有一天你觉得 OK 了，文献梳理完成了，可以开始写了，这个工作就结束了。

我在一篇论文写作的过程中，会形成至少两个文档。一个文档是我正式写作的文档，另一个文档，是在文献梳理过程中形成的、用来"填材料"的文档。在初步的文章框架下逐步积累，除了梳理摘录的文献，还有在这个过程中形成的新的想法、新的论证。这样，在写作计划开始之后一段时间，就会获得一个十几页的，充满了杂乱无章的、可能只有自己能看明白的素材的文档。有的素材，可能只标一个页码，也就是写一下某本书的某页；有的可能非常详细，一个字不差地全部摘录进去，因为我觉得这段话我可能将来会引用它。就是这样一个文档。

整个过程其实是艰苦的思考过程。你在不断地调整思路、梳理逻辑、谋划布局。

讨论实录

学生：老师，我有个问题特别想问一下。我自己写论文的时候，也会有一个"拼图"的过程，感觉这个过程是很开心的。但是到最后，最痛苦的就是把某些文献放弃掉。这个时候就很难取舍，觉得好不容易看了，又不引用的话，舍不得。而且，感觉文献是看不完的，越看越多，最后取舍更困难。

张翔： 是啊，文献是看不完的。而且越写越会发现：你的观点越成熟，能够支持你观点的文献就越多，无穷无尽。所以，一定要学会取舍。引用文献取舍不当的话，会埋没前人的贡献。文章如果只引用较近的文献，可能把最初提出相关观点的人的贡献埋没了。如果持相同观点的人很多，那么最重要的应该是最早提出这个观点的文章。把某个领域的学术脉络捋清楚，自然而然就有取舍了。这个问题，下一讲还要讲，我们还是回到"论文结构"这个主题上来。

文章也是写不完的。就算文章发表了，也不能算就写完了。博士论文也是如此。博士论文有两种写作策略，一种是分专题写几篇相对独立的论文，然后串联起来；另一种是一开始就有严密的整体架构，作为一本体系书去写。无论何种情况，在将来博士论文修改出版时，在若干论文结集乃至形成专著时，你都要跟已经完成的文字打交道，都需要对之前完成的作品进行订正。所以这个事情是做不完的。至于如何取舍文献，这是我们下节课要讨论的问题。

结构安排

正文的谋篇布局
———————//———————

这一部分讲正文的谋篇布局,及其在技术上怎么操作。回到作为样本的《祛魅与自足:政治理论对宪法解释的影响及其限度》,在第一部分"问题的提出"中,我以几个层次把为什么要研究这个问题做了说明。下面开始第二部分"文本分析与理论导向的紧张关系"。

这里我要说明的核心问题是,宪法学存在着"文本分析"和"理论导向"之间的紧张关系。我是在宪法学以"文本的分析"为核心工作的前提下,认识到在不同的理论导向之下,文本分析的结论会不一样。因此,宪法学就不能只关注文本分析,而是也要探究背后的理论导向问题。这里又可以分出两个层次:

> 宪法学对于文本分析背后的"理论导向"的研究至少应该包括以下两个问题:(1)政治理论对宪法解释的结果究竟有怎样的影响;(2)宪法解释者在确定"理论导向"时应当遵循怎样的规则,以避免目的解释成为主观任意性的渊薮。

《祛魅与自足:政治理论对宪法解释的影响及其限度》

> 一、问题的提出
> 二、文本分析与理论导向的紧张关系
>   宪法学存在着"文本分析"与"理论导向"之间的紧张关系。
>   宪法学对于文本分析背后的"理论导向"的研究至少应该包括以下两个问题:(1)政治理论对宪法解释的结果究竟有怎样的影响;(2)宪法解释者在确定"理论导向"时应当遵循怎样的规则,以避免目的解释成为主观任意性的渊薮。

大家也能看出来,这里还是在进一步界定研究范围。后面接着的是:

> 前一个问题是要说明,宪法学绝非封闭而自足的体系,宪法解释经常需要在政治哲学中寻找知识支持,非此不足以保证宪法解释的清晰明了和宪法论证的说服力。后一个问题则要说明,这种对"理论导向"的研究毕竟不是纯粹的政治学研究,而是在法学框架内的、以法的安定性为最终目标的研究。所以,我们不能随意地把自己的

喜好当作宪法的目的,我们必须说明:我们凭什么把一种理论确定为宪法文本阐释的指导?

大家明白我第二部分要说什么了吧?按照这个分层,自然也就有了后面的第三部分和第四部分。

■ ▪

> 三、政治理论是怎样影响宪法解释的——以自由主义和共和主义的权利观为例
>   1. 交代为什么选自由主义和共和主义作为对比
>   2. 有什么影响
> 四、"祛魅"抑或"滥用"——理论论证的可能危险
>   社会科学的祛魅,破除了法律公理的迷信,也动摇了法治主义的基础。
> 五、回到制宪历史、规范环境和宪法文本——为理论论证寻找确定性

第三部分是"政治理论是怎样影响宪法解释的——以自由主义和共和主义的权利观为例"。我要先交代,为什么要选自由主义和共和主义作为宪法解释背后的政治理论来对比。然后我举了10个例子来说明:对于具体的宪法问题,基于自由主义的解释和基于共和主义的解释结果有什么

不同。

第四部分是"'祛魅'抑或'滥用'——理论论证的可能危险"。法学的封闭自足会有很多的"魅",也就是把一些东西当做不需要讨论的前提,是思维定式。我们可能被一些教条束缚了思维,而没有去理解教条背后的价值和事实是什么。所以要"祛魅",把背后的道理讲清楚。但是在"祛魅"之后,又会产生"滥用"的问题。用价值取代规范,理论论证会存在这种滥用的危险。所以我在第四部分要说明:社会科学对法律的"祛魅",破除了对法律公理的迷信,但也动摇了法治主义的基础。

最后部分就是解决问题的方案了。我觉得需要回到制宪历史,回到规范环境,回到宪法文本去控制政治理论可能的滥用。这是当时的初步想法,现在看肯定不成熟。这就是这篇论文的基本结构。

(讲点论文发表之后的事情。这篇文章发表于2007年。2009年我到德国洪堡大学访学,在图书馆读到了博肯福德的一篇文章——《基本权利的宪法解释》。读到的时候我非常激动。为什么呢?因为我发现博肯福德的文章讨论的就是各种理论对基本权利解释的影响,他也提出了解决方案。我的激动在于自己比较独立地想到的问题,居然跟大师想的差不多。王小波说他年轻的时候写了一篇小说,讲一个人怎么慢慢变成了一头驴,后来读到了卡夫卡的《变形记》,觉得很沮丧,因为别人写过了。我没有沮丧,反而是受到了鼓励，觉得自己当年想的至少没有大错。这可能也算学术工作给人的精神鼓舞的一个例子吧。）

逻辑、逻辑、逻辑，重要的事情说三遍

下面谈一些与文章结构相关的需要注意的问题。写文章要逻辑贯通。法律思维特别强调逻辑，法律思考是高度理性化的思考，对论述的逻辑有非常高的要求。

逻辑分大的逻辑、小的逻辑。一句话有一句话的逻辑，一段话有着一段话的逻辑，文章的每一部分有每一部分的逻辑，各章节之间也有逻辑。写一篇再复杂的文章，甚至是一本书，都应该能用5句话把这篇文章或者这本书的内容概括出来。能做到这一点，大体说明你的写作是有逻辑的。

后面我还要讲怎么写论文摘要。摘要应该覆盖文章每一部分的内容，最后要形成逻辑通顺的一段文字，三五百字的篇幅，差不多就是一篇小论文。摘要能不能写得好，其实取决于整个论文的逻辑清楚不清楚。论文逻辑清楚了，摘要就很好写。有经验的编辑审读文章，首先是看摘要。我在《法学家》当编辑的时候，听编辑部主任说过，主编张志铭老师在最后发稿时把关，只看每篇文章的两处：论文标题（包括小标题）、摘要。作为资深编辑，张志铭老师

知道，能从摘要判断文章的好坏。因此，摘要清楚的前提，是文章本身的逻辑通顺。所以，大家写作时一定要时刻注意逻辑贯通。

写好承转的句子和段落

过去写八股文，讲究"起承转合"。"起"是"破题"，其实就是我们前面讲的"导言"或者"问题的提出"。写八股文，题目是人家定的，所以首先要思考：文章怎么开头。这对写作功力的要求很高。八股文要求"破题"只能有两句话，这两句话必须能够把这个题目的主旨 hold 住。大家看，是不是跟我们写"问题的提出"差不多一个意思？举个例子，题目是《子曰》，怎么破题？这好像是八股文最粗浅的破题的例子。答案是："匹夫而为百世师，一言而为天下法。""匹夫而为百世师"扣"子"，"一言而为天下法"扣"曰"。是不是很厉害？我想，这个例子可以帮助我们琢磨"导言"或"问题的提出"的文字表达。

在破题之外，写作时还要注意承接转折的句子。写学术文章大部分内容是在铺陈论证，这时候注意，要把意思写明白。但在铺陈之外，一定要注意各个段落或者论证层次之间的"承"和"转"。写好了承转的句子或者段落，文

结构安排

章才能文气贯通，逻辑清晰。怎么去写好承转呢？我还是举自己文章的例子。《祛魅与自足》一文里，有这么一句话：

> 宪法学存在着"文本分析"与"理论导向"之间的紧张关系。

请注意，这句是"承"，是对前面内容做的概括。把前面的内容"兜住"，下面就要"转"了，对吧？下面，我交代了自由主义、共和主义各自会对宪法解释的结果产生什么样的影响，讲了社会科学对于法学的祛魅，之后又要"转"了。我是这么写的：

> 社会科学的祛魅，破除了法律公理的迷信，也动摇了法治主义的基础。

通过这句话，就转到下一个层次："怎么去维持维护法的确定性"，"维护法治主义的基础"。这就是"承"与"转"。有时候会觉得，写文章最费力的就是这些句子和段落，这些句子和段落要锤炼。你写了一大段论证之后，得停下来，想想如何"承"如何"转"。这种话千万不能长，必须简洁有力，才能够让文章不拖沓，让有层次的各部分能够衔接起来，贯通起来。这种承上启下的句子，多数在段落的开头或者结尾，但也可以让它形成一个独立段落。

学术论文一般来说段落不能太碎,但承接性的句子、转折性的句子,独立成段落是可以的。

"文似看山不喜平",学术文章也应当是活泼的。某一层次的论证,某一段落写得太长了,文章就开始变沉重了,就开始滞涩了。怎么办?"转"!"转"了以后文章就重新摇曳了、有波折了。大家明白了这个道理,可以在转承的句子和段落的锤炼上,下点功夫。

举个"承""转"写得好的例子:《倚天屠龙记》第二章的结尾和第三章的开头。看《倚天屠龙记》,一开始以为主人公是郭襄,看一会儿以后以为是张三丰,然后以为是俞岱岩,是张翠山,最后才明白主人公原来是张翠山的儿子张无忌。说实话,主人公出场之前写这么多"闲话",是很危险的,但你不会觉得不好看。为什么呢?我觉得是金庸先生的承转笔力太强大了。

《倚天屠龙记》第二章的末尾,写到郭襄与张君宝分开,给张君宝一个金环,让他去襄阳投靠郭靖和黄蓉。接下来,金庸先生开始"转"了。张君宝没有去襄阳,一笔荡开,就从十几岁的少年变成了九十岁的人。这么长的历史跨度,时代变了,人物也变了,一切都变了。这在文字叙述上该怎么做?金庸先生为什么是大师,看这一段就理解了:

结构安排

他得觉远传授甚久，于这部九阳真经已记了十之五六，十余年间竟然内力大进，其后多读道藏，于道家练气之术更深有心得。某一日在山间闲游，仰望浮云，俯视流水，张君宝若有所悟，在洞中苦思七日七夜，猛地里豁然贯通，领会了武功中以柔克刚的至理，忍不住仰天长笑。

看看这手笔！你坐在那里读，会突然觉得天地开阔！

这一番大笑，竟笑出了一位承先启后、继往开来的大宗师。他以自悟的拳理、道家冲虚圆通之道和九阳真经中所载的内功相发明，创出了辉映后世、照耀千古的武当一派武功。后来北游宝鸣，见到三峰挺秀，卓立云海，于武学又有所悟，乃自号三丰，那便是中国武学史上不世出的奇人张三丰。

注意看，这两段都是在连承带转。这是《倚天屠龙记》的第二章。看到这儿，你以为金庸要写张三丰的故事了，翻开下一页到第三章，却发现已经是80年后了。这么大跨度，怎么写？看第三章开头：

> 花开花落,花落花开。少年子弟江湖老,红颜少女的鬓边终于也见到了白发。

用这一句话就把80年写过去了,一下子就时空转换了。

> 这一年是元顺帝至元二年,宋朝之亡至此已五十余年。……

历史沧桑感扑面而来。承转笔力,何等雄健!

文章的道理是通的。有很多人批判金庸,质疑武侠小说的文学性、思想性。但没人能否定金庸是文章高手。这里面的道理跟学术论文并没有本质区别。我喜欢听相声,我觉得好相声也是符合做文章的"起承转合"的。你们去听听马三立,看看他抖一个包袱之前是如何做铺垫的。要"铺平垫稳",包袱才响。去听听马三立的儿子"少马爷"马志明的相声,比如《数来宝》《大保镖》,那里面的"起承转合",非常有趣,仔细琢磨,可以悟到做文章的道理。

讨论实录

张翔:对于这一部分"谋篇布局"的内容,大家有问

结构安排

题吗？

学生：老师，我有一个问题。您的文章里面有几段只有一句话，尤其是那篇《祛魅与自足：政治理论对宪法解释的影响及其限度》。您这是有意为之吗？

张翔：其实后来我就不怎么爱用这种形式了。因为《祛魅与自足：政治理论对宪法解释的影响及其限度》写的时候多少有点用力过猛。那时候比较年轻，刚刚进入学界，总想表达一些东西，就会自然而然思考怎么去"抓住眼球"。

不过，大家想想，从阅读的角度来讲，很长的一大段文字会吸引到你，还是一个短的一两行的文字更容易吸引到你？你可以设想一下，一个人对你的文章没有太多的兴趣，他只有5分钟的时间看你的文章，你文中哪些点、词语、大标题、小标题、短的段落能够抓住他的眼球？这也是照顾读者的一种体现。

学生：老师好，请问结构列出来以后，可能有的小点容易落笔去写，有的点不容易，但这个时候可不可以不按照文章的顺序展开，比如说后面的一个小点先写一写，等到有想法的时候，再回头去写前面的部分？

张翔：这是可以的。因为当你写完、想通容易的这一部分后，你会发现在那些原来想不太通的地方，你也有了更多的想法。这个时候你可以再去补充资料，因为基于你一开始的那个 idea 去整理的资料，有时候不够用，在写作过程中,你需要停下来再去补充资料。你这个办法是可以的,甚至导言也可以如此,不是必须像我所讲的那样,一开始就写导言。最后再写导言也可以,但是你脑子里要有一个意识。

为什么要从头到尾写导言?在这个问题上我想表达的是,你永远要有读者的视角,要有一个"上帝的视角",你能站在高处俯视你的论文,你能看到它的结构在哪里。你自己要 hold 得住自己的论文,要 hold 得住这些材料,要有这个意识。

学生: 老师,我的问题是接着上一位同学的提问展开的。有时候,在写作过程中会不会出现这样的情况:您已经有一个思路框架,但是在资料的分析过程中,会发现有些地方比较容易展开,有些地方不太容易展开,在重新调整的过程中,原先并列式的逻辑关系,就可能转成嵌套式的或者其他?

张翔: 其实归根到底还是个逻辑问题。写着写着,两个问题可能会合并成一个,有的时候,一个点要分成三个,这都是有可能的,这就是逻辑,关键是逻辑。写作中,你其实在不断分析不同内容之间的逻辑关系,才会有这样的问题。写的过程中如果发现它的逻辑不合适,就要调整。我觉得写文章的人永远要有这样的意识:从我的第一句话开始到最后一句话,中间这个逻辑是不是通顺的?只要有了这种"逻辑意识",我觉得就好办。

结构安排

学生：老师，我想问一下文章的结构层次，一般分为几层比较好？

张翔：发表在刊物上的文章再长也不要超过7个部分，而再短也要有3个部分。大体上，你说小文章可能有3个层次，这是可以的，但一篇两三千字的小文章，如果要写7~8个层次，大家只会觉得很平淡，因为你写不深。不如把它分成几篇来写。

所以写文章还是要考虑总体平衡、各部分的平衡。实际上，如果大家去看《祛魅与自足：政治理论对宪法解释的影响及其限度》，这篇文章各部分不是很平衡，"文本分析与理论导向的紧张关系"这部分超级长，为什么？因为这篇文章最主要的作用是提出一个问题：我们要用什么样的视角去看宪法学跟政治理论之间的关系？我对于问题的描述可能花了很长时间，某种意义上，我只要把这个问题描述清楚了，这篇文章就算是完成了，研究是后来继续的事情，对不对？

所以总体上文章要平衡，但具体问题具体分析。正所谓"水无常形，文无定法"。

结语要写些什么

———— // ————

> - 概括结论，再次强调观点。如果是驳论文章，还要再指其非。
> - 填补漏洞，预先回应可能的质疑。
> - 说明未竟课题。
>
> 结论坚实，掷地有声；
> 点逗数语，余意无穷。

结论，有时候会叫结语，有时候会叫余论。

其实论文的每一部分都可以有个结论，或者说，每一部分都应该有句话交代这一部分的结论。有些比较长的文章，有些作者会在每一部分后写一个"小结"，这也是一种很好的做法。每部分之后有"小结"，会有点浪费篇幅，编辑可能不喜欢，但是从读者的角度是很好的。每部分都有个小结，串联起来，读者就比较容易把握文章的主旨意思。我们中学学英语做阅读理解，老师会教快速阅读的技巧，就是看段落的首尾句。前提其实就是，文章每段都应该有

"问题的提出"和"结论"。

　　结论如果写不好,就会变成前文的重复,让文章变得啰嗦。前面把该说的都说完了,结语却在说重复的话,那就多余了。所以,结论的文字是要高度提炼概括的,不做展开,是文章的核心观点的凝练表达。我觉得,再宏大的题目,再复杂的论证,再深刻的观点,这么长一篇论文写完了,怎么都能用几句话概括出来。如果概括不出来,或者觉得还有话要说,那就回去重新写前面。其实,如果前面已经把话说得足够清楚了,那么不要结论也是可以的。比如一篇文章的结构非常清楚,各部分之间又相对独立,每个部分都有明确的观点总结,那么最后没有一个整体的结论,也可以。不写一个总的结论,有几句话作结语也可以。可以简单重述一下研究的意义,说明一下可能的不足,表达欢迎批评。但这种吧,多数就是可有可无的闲话了。

　　结论还有一种写法,叫作余论。学术研究是一个不断进行的接续的状态,这篇文章写完了,可能指向另外一些问题还有待展开,这些话语写下来,就可以叫"余论"。

　　余论式的结语写什么?

　　首先,概括结论,再次强调观点。如果是驳论文章、商榷文章、批评文章,还要"再指其非",再次说论敌到底错在哪,这是个结论性的东西。其次,填补漏洞。在研究过程中,你自己知道你哪些地方可能没有说,或者说得不够充分。除此之外还要考虑:这篇文章写完了,可能会面临一些什么样的批评和质疑？这些都要在结论部分交代一下，把可能的漏洞补上，对可能的质疑先做一点回应。最后，还要说明未竟的课题：在这个研究之下，未来可能还需要做什么？这个也要说清楚。

对于结论，我概括为两句话，第一句是"结论坚实、掷地有声"。要达到这种标准：将来别人要写学术综述，可以直接引用你的论文结论里的话；别人要批评你，也可以直接针对你的结论。等到被批评的时候，你不能又说："我的结论没说清楚，其实还有什么什么"。结论应当是坚实的，要掷地有声。一定要简洁，不要啰唆，不要再展开论证。

至于余论，如果要说明未尽的课题，应该达到什么标准呢？这是第二句话："点逗数语，余意无穷"。说清楚，这个议题，在未来有可能面临什么问题；本文的研究，在哪些方面是需要补充的。哪怕你以后不再往下研究了，其他任何涉足此领域的人，都逃不出你"余论"里的这几句话，那你这个余论就很成功。

下面还是以论文为实例，再看看导言和结语的写法。

先看一下《宪法教义学初阶》的导言和结语。这篇文章不光是立论，其实是有驳论性质的。

结构安排

《宪法教义学初阶》导言

> 过去十余年间,中国的宪法学者试图摆脱政治话语的纠缠,并在法教义学的总体方向上确立宪法学的学科属性("规范宪法学"和"宪法解释学")。但在当下,中国宪法却又在经历政治话语的强势回潮("政治宪法学"等)。研究进路的反复与不同学说之间的争论,是学术史的常态。在反复辩难中,争论问题自身会更加明确,而不同学术主张也会从散漫无意识走向自觉的体系化。在此,笔者尝试对宪法教义学的基本立场与路径作一梗概式的整理,并回应若干重要的争议。论文的基本安排是:(1)对法教义学的一般性描述,(2)对宪法教义学历史与现状的梳理与介绍,(3)分析"宪法作为政治法"这一宪法教义学的特殊问题,(4)回应对中国宪法教义学的两个前提性诘问。

《宪法教义学初阶》的开篇的导言是这么写的:

> 过去十余年间,中国的宪法学者试图摆脱政治话语的纠缠,并在法教义学的总体方向上确立宪法学的学科属性("规范宪法学"和"宪法解释学")。

这是对过去的综述。这句话后面括号里的"规范宪法学"和"宪法解释学",大家都知道是指哪几位学者。

> 但在当下,中国宪法学却又在经历政治话语的强势回潮("政治宪法学"等)。

同样,大家也知道是指谁。所以,这两句话实际上是综述。这篇论文没有做全面的综述,但这里做了一个注释:参见李忠夏的《中国宪法学方法论反思》。相当于说,李忠夏之前已经有一个全面的综述了,我就可以省事儿了,大家看他这篇就好。

接下来要说明问题意识了,要说明,我为什么还要写这篇文章。别人都已经写了,有什么必要再做一个方法论的反思呢?我下面写道:

> 研究进路的反复与不同学说之间的争论,是学术史的常态。在反复辩难中,争论问题自身会更加明确,而不同学术主张也会从散漫无意识走向自觉的体系化。在此,笔者尝试对宪法教义学的基本立场与路径作一梗概式的整理,并回应若干重要的争议。

也就是说，我要归纳，然后做驳论。

这是一个比较短的导言。但是大家应该能看出来：研究内容、问题意识、综述、对过去问题的交代、既有研究的不足、研究领域的界定、论文结构安排，等等，都有。所以，导言虽然短，但五脏俱全。

再看看这篇文章的结语。

《宪法教义学初阶》结语

史家蒋廷黻先生有言："历史学自有其纪律，这纪律的初步就是注重历史的资料"。讲求自由的学术居然尚有"纪律"？但这种纪律其实无关乎学术自由，也无关乎学者的个人志业，而是与学科的任务关联。一个学科的任务决定了其基本进路，失此"纪律"，则无异于自我否定。另一位史家汪荣祖说："历史是既往之事的记录，如何把往事真实无讹地记录下来，原是史家天字第一号的要义"，"若根本尽失，则史家尚存几何"？固然，任何学科都可能在基本进路的充分发展之后走向僵化境地；然而如果根本无视此基本进路，则该学科就会崩坏无遗。

万物同理,即使追求怡情任性的艺术也要讲"法度"和"基本功"。闻一多曾言:"法度是书法存在的基本条件";针对书家要"学诗"、要具备"书外修养"的主张,李叔同却断言:"须知书家不懂得书法的基本功,只是学诗,那是可耻的"。

于法学而言,教义学就是其"纪律""根本""法度""基本功""第一要义""基本进路"。何以如此,正是法学的任务——落实法治——所决定的。教义学的主张无意排斥其他的法学研究进路,正如拉班德所自我辩白的那样,他并不否认历史、经济、政治乃至哲学对于法律认识具有的价值,更无意压制这些方向上的研究,但如果法学不去对实证法律素材进行探究,不去做逻辑的、体系的建构,也就不成为法学了。马丁·路德也有过这样的当头棒喝:"一个脱离法律文本而夸夸其谈的法律人是可耻的,但更为可耻的是作为一名神学家却绝口不提圣经经文"。言虽刺耳,但却引人深思。在笔者看来,在既有的成文宪法之下,将各种利益纷争和意识形态对立限定于规范的场域,将各种价值争议尽可能技术化为法律的规范性争议,是构筑社会的重叠共识并最终走向宪政的不二法门。

结构安排

这个结语的写法其实是有点特殊的：讲了半天宪法学方法论，突然跳出去讲别的学科的方法论。其实我想说，不仅法学的方法论有这个问题，其他所有学科的方法论都有这个问题：

> 史家蒋廷黻先生有言："历史学自有其纪律，这纪律的初步就是注重历史的资料"。讲求自由的学术居然尚有"纪律"？但这种纪律其实无关乎学术自由，也无关乎学者的个人志业，而是与学科的任务关联。一个学科的任务决定了其基本进路，失此"纪律"，则无异于自我否定。

这其实是我的论文的结论，强调为什么"宪法教义学"才是根本。是在用别的学科的结论性观点，夯实我的结论。

> 另一位史家汪荣祖说："历史是既往之事的记录，如何把往事真实无讹地记录下来，原是史家天字第一号的要义"，"若根本尽失，则史家尚存几何"？

也完全可以换位说：若根本尽失，则法学尚存几何？这里说的是别的学科，但实际上是在再次表达我的结论：

> 固然，任何学科都可能在基本进路的充分发展之后走向僵化境地；然而如果根本无视此基本进路，则该学科就会崩坏无遗。

这就是我为什么在此强调宪法学的专业性的原因。然后，我又举了别的领域的例子：

> 万物同理，即使追求怡情任性的艺术也要讲"法度"和"基本功"。闻一多曾言："法度是书法存在的基本条件"；针对书家要"学诗"、要具备"书外修养"的主张，李叔同却断言："须知书家不懂得书法的基本功，只是学诗，那是可耻的"。

这是驳论，大家明白吗？当然，"某些研究是可耻的"是引用，不要借题发挥。说的是书法的事。有人这么评价怀素和尚。怀素和尚是草书大家，他的《自叙帖》藏在台北故宫。台北故宫的文创之一，装东西的小信封，用的就是怀素的《自叙帖》。文征明对怀素的草书有个评价："狂怪处无一点不合轨范"。大家知道，草书是汪洋恣肆的，表达书法家不羁的胸怀。文征明却说怀素的草书"无一点不合轨范"，多有意思！

大家想想，任何一门学问都有它的根本。草书不是胡涂乱抹。书法史上有这样的故事：有人写草书，写完之后过了几个月，别人拿出来问某个字是什么，结果书法家本人也不认得了。这就是没有法度，失掉根本了。我拿这个例子来说明，法学也要注重根本。我下面在文章中接着讲：

> 于法学而言，教义学就是其"纪律""根本""法度""基本功""第一要义""基本进路"。……

下面，又借用了一点宗教知识：

> 马丁·路德也有过这样的当头棒喝："一个脱离法律文本而夸夸其谈的法律人是可耻的，但更为可耻的是作为一名神学家却绝口不提圣经经文。"

我现在觉得，这个结论以及驳论，都挺强硬的。自己回头再看，觉得有点过分，有点不好意思了。现在想起来，可能当时自己多少还是有点脾气的。不过，已然白纸黑字改不了的东西，不如就这样。大家可以借鉴经验，也可以检讨教训。

再以《财产权的社会义务》来看看结语的写法：

《财产权的社会义务》原结语

> 在公民尚不能有效防御公权力对私人财产的侵害的当下中国,财产权的社会义务似乎是个奢侈的议题,甚至会冲淡财产权保障私人经济自由和生存基础的意义。但无论如何,急剧现代化带来的人类生存愈加相互依赖,并且愈加容易相互侵扰的事实,已不容我们去追求充分张扬的财产自由。同时,宪法中的社会主义因素也为财产权的讨论设定了基本场域。如果不能秉持一种在宪法框架下平衡私人财产自由与社会公正的思路,基于财产而产生的法律争议和社会矛盾就可能导致危险的社会分裂,并最终损害财产权自身。本文正是在一个具体法律争议层面上,为寻求此种平衡而进行的技术化的方案设计。

开头的"在公民尚不能有效防御公权力对私人财产的侵害的当下中国,财产权的社会义务似乎是个奢侈的议题,甚至会冲淡财产权保障私人经济自由和生存基础的意义",这几句话可以叫作"亢龙有悔"。如果结论可能会有过于绝对的感觉,就需要收一下。但这句话最终发表时被删掉了,有点遗憾。我想借此说明:虽然论文在讲财产权的社会义务,但是这个问题其实有前提,那就是财产权自由的充分保障。

下面是正式的结语:

> 急剧现代化带来的人类生存愈加相互依赖,并且愈加容易相互侵扰的事实,已不容我们去追求充分张扬的财产自由。同时,宪法中的社会主义因素也为财产权的讨论设定了基本场域。如果不能秉持一种在宪法框架下平衡私人财产自由与社会公正的思路,基于财产而产生的法律争议和社会矛盾就可能导致危险的社会分裂,并最终损害财产权自身。本文正是在一个具体法律争议层面上,为寻求此种平衡而进行的技术化的方案设计。

大家可以对照全文,体会一下结语的写法。这一讲就到这里。

具体操作

讲完了选题、准备以及论文的结构安排之后，这一讲我们来讲"具体操作"。"法学论文写作的具体操作"的内容包括一些技术性的问题，比如论文注释的格式，摘要、关键词、标题的拟法，包括各级标题的安排。另外是一些写作技巧，比如怎么排比材料，资料梳理怎么写，初步的粗写与后续的细写，长文、短文写作各自的注意事项。

结构甫定，排比材料

上一讲我们讲了论文的框架。我告诉大家，不管怎么样，要在写作的开始强行给自己的论文分出框架，把论文的一、二、三、四点列出来。这样一来，我们在后续阅读材料加以梳理的过程中，就能把材料和框架进一步地联系起来。

初步安排了论文结构以后，论文有了初步标题，有了大概的提纲，勉强分好了层次，也进行了文献的阅读和梳理。有的同学还会把文献打印出来，用荧光笔涂上各种颜色作为标记。对着一片红红绿绿，觉得已经"万事俱备"了。那么，在这之后怎么着手写作呢？

排比材料

> **纲目已定，开始排比材料**
> **摘抄素材**
> 框架未成熟前
> **归入框架**
> 框架成熟后

这时候我们可以做第一项工作："排比材料"。

（一）摘抄素材

排比材料的工作可以分为两个步骤。第一个步骤是文献梳理过程中的积累，也就是摘抄素材。

大家在阅读论文资料的过程中，经常会产生这种感觉：

这一部分的文章有用,这句话我是可以引用的!但是如果你把这本书看完了就往那一扔,回头要开始写的时候,再去翻书就找不着了。这时,就有必要做一个标记乃至摘抄的基本工作。排比材料的时候,就先把可能会引用和参考的素材录入电脑。有必要直接引用的,就摘抄下来;可供参考的观点,可以归纳为一两句话记录下来。如果我们在文献梳理过程中,一篇一篇地做了这种积累记录的工作,等到梳理完了,你可能就已经有一个几万字的文档了。其实,素材摘抄的过程也是论文构思的过程。论文的初步观点、大体框架乃至具体的写作策略,都是在这个过程中形成的。这个文档,既是梳理的成果,也是思考的记录。

(二) 归入框架

第二个步骤是归入框架。比如你已经梳理了 30 篇论文、10 本书,你可以开始对照初步拟定的几个一级标题,把梳理过的文献往论文的大体框架里填。确定框架后再回顾先前梳理的材料,你就会开始思考文献材料和论文各部分之间有什么关系,这段话在哪一部分能用得上。这样,你之前看过的文献和材料都可以被归入到各个一级标题下面去。这意味着,各种素材、资料和观点,开始融入你自己的分析框架了。

按照这种方法去整理,或许你的论文还没开始写,就已经有好几万字了。而这样做最大的意义是,你的论文已经在进展中了。你有了思考框架,而且也有了与之相应的材料。

我就是这样做的。作为示例,我给大家展示一下我写作《我国国家权力配置原则的功能主义解释》(《中外法学》2018年第2期)时是怎样排比梳理材料的。

排比材料

一、权力分工问题的祛魅

权力分立是一种自由主义的意识形态,因为国家反自由,所以要通过权力分立来让国家变弱。

《我们的敌人:国家》《控制国家》《国家职能的变迁》《政治哲学》

《国家为什么会失败》"汲取性制度:一部分人攫取另一部分人创造的财富。统治者能够利用权力在短时间内实现资源的最优配置,实现最大限度的经济增长。但是这种增长不可持续。"

社会主义国家的议行合一原则的提出,是为了与分权原则分庭抗礼,也具有强烈的意识形态属性。但是:1.历史证明,根本不可能分开;2.八二宪法制宪的基础是权力分工(新中国成立初期、斗争阶段可能存在过)。

具体操作

> 对美国人来说，努力将其分权制衡的体制发展到最好是一回事，高举美国模式，将其作为全世界自由民主的指路明灯则是另一回事。（去意识形态化）——《别了，孟德斯鸠：新分权的理论与实践》（〔美〕布鲁斯·阿克曼著，聂鑫译，中国政法大学出版社2016年版，第11页）

当时我准备在论文的第一部分写"权力'分''合'问题的祛魅"问题。上面这个文本框里展示的就是我在这个标题下作的资料排比。我认为分权这个问题背后有比较浓厚的意识形态色彩，那就要思考如何对意识形态色彩祛魅。我写的第一句话是："权力分立是一种自由主义的意识形态，因为国家反自由，所以要通过权力分立来让国家变弱。"这是我思考问题的时候形成的一点认识，我就把它先写进去。

我在这句话下面列举了这么几本书：《我们的敌人：国家》《控制国家》《国家职能的变迁》《政治哲学》。还有一些，我是直接把书里面的话摘抄下来，比如有一本书叫作《国家为什么会失败》，里面有这么一段话："汲取性制度：一部分人攫取另一部分人创造的财富。统治者能够利用权力在短时间内实现资源的最优配置，实现最大限度的经济增长。但是这种增长不可持续。"我就把这句话摘抄进来了。

现在，我可以告诉大家，最后这五本书都没有出现在我论文的注释中。为什么？因为我最后发现，它们离我的论文其实是比较远的。列举这些书只是我的思考痕迹，我把这些痕迹先填进去。

填到这，再往下是我自己思考的一些想法：

> 社会主义国家的议行合一原则的提出，是为了与分权原则分庭抗礼，也具有强烈的意识形态属性。

我想说的是，西方的分权观是个意识形态属性很强的观念，中国的权力结构观意识形态性也很强，这就构成了我的思考框架。

之后，我再继续做我的摘抄。比如说，清华大学法学院聂鑫老师翻译的阿克曼关于分权的著作《别了，孟德斯鸠：新分权的理论与实践》，在第11页写道：

> 对美国人来说，努力将其分权制衡的体制发展到最好是一回事，高举美国模式，将其作为全世界自由民主的指路明灯则是另一回事。

这是美国人自己对于分权问题的反思，他们也认为三权分立绝不是普世的。我觉得这样的观点会帮助我去做分权问题的法学的规范性的分析。

具体操作

有一些一开始填充到文档里的话,最后可能没有引用到,但实际上还是帮助到了我。为什么没引?有些可能是大家都会说的话,就没有必要引用了,但可能正是大家都公认的这些观点在当时启发了我。这在你的思考痕迹中是可见的。

至此,我向大家完整展示了这个整理思路的过程,我把自己为写这篇文章看的书、文献进行了摘抄,并把它归入到框架中。大家可以想象,我在论文最初的框架完成以后,会形成一个篇幅不算小的文档,里面有我的框架以及摘抄的素材。这其实是我所有论文写作的第一步。我在具体写作的时候会另开一个文档,而把这个原始文档保留下来,因为它能帮助我思考和整理这些素材。

大家想一想,完成这样的工作意味着什么?这时我可能已经看了几十份资料,并经过一个初步的消化,而当这样一个包含大量资料的文档完成以后,就意味着我的论文的基本素材都有了。这种写作方式,在中国文学的传统里面通常是被看不起的,但据说李商隐就这么写作。据说他习惯把那些临时想出来的好词好句,放在一个小布囊里面,甚至各种典故的用法,也都提前想好,到他写作的时候就把这些东西都放在桌面上。所以别人嘲笑他说,你这叫"獭祭",什么意思呢?水獭吃鱼之前要把所有的鱼捕好,一条条摆在岸边,然后再开始吃。你看你那写作方式就像水獭吃鱼一样。总之，大家还要注意学术写作和文学写作的差别。文学写作往往是基于灵感、基于天赋的。我们从小经历的写作训练往往是天才式的写作，给你一个题目，要求倚马可待，一挥而就，文不加点，下笔万言。这是我们觉得最好的写作，但这不是学术写作。当然，其实文学写作也有区分，有纯粹灵感天才型的，也有像贾岛那种苦吟派。所谓"吟安一个字，拈断数茎须"，要反复推敲。

资料梳理的几个问题

排比材料

> **资料梳理的几个问题**
> Ⅰ. 通过较新的综述性文献获取（论著、案例）
> Ⅱ. 顺藤摸瓜
> Ⅲ. 知所先后，不掩其功
> Ⅳ. 核心文献不可遗漏
> Ⅴ. 穷尽之难

具体操作

（一）资源的获取

到这里，大家会问了：在论文写作中，怎么去做材料梳理？素材从哪里来？论文的相关文献从哪里来？

大家应该多多少少都有过一些课程论文写作的经验，写论文一般要先去找文献，怎么找？大家都知道中国知网，我们去中国知网上找文献的时候，一般会出现两种情况。用一个关键词去搜索，搜完以后，一种结果是没有文献，没人研究过。另一种可能是文献太多了，有好几万篇，不知道从哪看起。

针对这两种结果，大家分析过原因吗？如果说文献太多，无从下手，那说明你选择的关键词是一个很普遍的词，或者这是一个学界普遍会研究的问题，自然会多；而搜不出文献来则意味着，你的关键词很可能设计得有问题。有的同学写了一个很长的句子进行搜索，当然搜不出东西来。

我们先说前一种情况：如果一下搜出来好几千篇论文怎么办？我跟大家讲些简单的办法，你首先（在知网搜索结果中）以"发表时间"排个序，然后把最新发表的文章选出来。学术界最新的文章动态大家可能不了解，因为初学写作者现在对于学界哪些人著名、哪些杂志好，不一定有什么认识。但你要找最新的文章、文献，并下载两篇来看。为什么这样做？我们知道，按照学术规范的要求，所有的论文都应该有文献综述，都应该要参考别人的研究，这种情况下你找到一个较新的文献，它可能对以往的研究已经做了一个综述了。这样的话，你从这篇文献里的综述，就可以大体上了解这个领域之前的研究状况。

我们的学术越规范，从新文献中去获取既有研究的准确性应该就越高。多看几篇综述，你就会发现一个现象：关于这个领域的重要的文献，大家都会去引用。一个成熟的学界应该是不断有人在做不同领域的学术综述的，但是我们的学界没那么成熟，综述性的文献有时候就要自己去找。举个例子，2015年是中国宪法学研究会成立30周年，韩大元老师提议写一组文章，综述三十年间中国宪法学的发展。基本权利部分《基本权利理论研究30年》是由我和我当时的博士生姜秉曦合作完成的。这篇文章对文献的综述是比较完整的，文末我还专门做了一个表，统计了30年来的基本权利研究。

再举一个例子，《法学家》早先有一个惯例，每年在第1期发表各个学科的综述，概述过去一年的学术发展。我那时候也写过这种文章，把过去一年的论文和著作情况整理出来，写一万字左右的综述。但是后来我们把这个惯例取消了。原因一方面在于现在的刊物非常重视引用率，而综述性的文章引用率很低。另一方面在于，一年的时间太短，且针对整个学科的研究综述会非常凌乱。一个学科有那么多研究方向，但在一年当中关于这个问题可能就发表了一篇好论文，那就没什么可综述的了。此外，大家还可以关注韩大元老师主编的《公法的制度变迁》,当中既有制度的综述,也有一些理论的综述,可以参考。

(二)"顺藤摸瓜"

那么,如何在收集到的材料当中找出自己真正需要的论文呢?我想大家可以"顺藤摸瓜"地去获取研究的脉络,这里面有一个规律,那就是,某一领域的重要文献,是大家都会去引用的。这时,可以从启发你选题的一两篇文献开始,根据它的注释、引用就可以找出相关的研究。还可以在中国知网的数据库里面查哪些文章引用了这篇文献,看一下引用率和下载量,从中就可以判断,这篇文章影响力如何。通过这种方式,大家就可以顺藤摸瓜,去把很多历史上的重要的文献都摸出来。这个功夫其实很容易,大家通过一些文章的下载、阅读和对比,慢慢地就把一些重要的文献摸出来了。

(三)"知所先后,不掩其功"

顺藤摸瓜的一个前提是"知所先后",要搞清楚先后,就是一定要知道谁先讲的,谁后讲的,按照这个顺序,脉络基本上就大致理出来了。这个很重要,你要知道哪个文献在先,哪个文献在后。这样我们就知道,哪个观点是谁最早讲的,这个领域谁做了最早的基础性研究。最早的研究很重要，因为它往往是奠基性的。这一点在中国可能尤其重要。为什么尤其重要呢？因为中国现在的学术总体还是不够规范，一个重要表现就是，大家的互相抄袭太严重。

一篇较早的高质量文献，会被后面的人不断地抄袭，抄到最后会出现这样的笑话：有一个作者跟我说过，他都开始怀疑某些观点是不是最早由他提出来的。他说当时是他最先写出来的，但是后来大家都认可了这个观点，他的观点成为了公论，研究者也就渐渐不引用、不注释他的文献了。以至于这位作者自己都开始怀疑，类似的观点是不是自己最先提出的。学界确实有这种情况。因此我们在做文献梳理的时候要注意，一定要把最早的文献梳理出来，这非常重要。否则你的文章写出来后，就可能面临一些你根本没有办法去反驳的质疑。

比如说你拿一篇文章给你的老师看，你可以有自己的观点，老师可能不同意你的观点，你们可以辩论，但如果老师提出一个问题："有这样一个文献，你看过吗？"你发现你根本没看过，那就说不过去了，这就是硬伤。关于这个领域重要的文献、核心文献你都没有读过，这种情况下你的论文就会面临直接被否定的危险。所以要会顺藤摸瓜，核心文献不能遗漏，要"知所先后"，这都是文献梳理的基本要求。

（四）穷尽之难

但梳理文献时我们会面临一个很麻烦的问题，就是穷尽之难。有时候，你要想穷尽某个领域的文献是挺难的。我自己也有这样的经验：论文写好了，修改完了，投稿了，甚至都发表出来了，大家反响也还不错，结果过两年发现在我那篇文章之前，还有别人也写过类似的文章，我自己没发现而已。大家也许会问，那你自己怎么没有顺藤摸瓜，好好梳理核心文献呢？其实，我觉得这种情况的出现有多种原因。

一个确实存在的问题是，按照这种方法去梳理文献，什么时候是个头？打个比方，一个屋子里装满了开心果，主人请大家去吃开心果，但要求你剥了以后把果壳扔回去，你说你能吃完这一屋子的开心果吗？有一种说法是吃不完，为什么吃不完？因为刚开始抓起来都是有果仁的，后来有果仁的越来越少，壳越来越多。最后，你要去发现一个有果仁的开心果就变得非常难，最后可能在某一个地方遗留着一颗，但你很有可能永远找不着它了。有时查文献也有这种情况，你要想穷尽，几乎不可能，但是我的观点是你要尽可能地穷尽。

什么叫"尽可能地穷尽"？我觉得至少有这样一个基本的判断标准：在梳理文献过程中发现的那些大家都会引用

的文献，你都已经看过了。另外就是写作时要注意的一个事项。梳理完了文献，要论述的时候，你要说上这么一句："就我所见的文献之所及"。这句话是不可或缺的。

我们知道学术研究，特别是对于实证性的学术研究，有一个非常有意思的说法，叫作"说有容易说无难"。要说世界上有一个什么东西，这是容易的，我说世界上有这一瓶水，我把它找来，它就有。可是你要说世界上没有一个什么东西，这就太难了。考古学就是最典型的一种"说有容易说无难"的学问，某个东西被我挖出来了，这没什么可说的。但你要说有个东西不存在，这太难验证了。

这种情况下，大家一定要意识到，在各种资料梳理之后，我们一定要尽可能地去穷尽这个领域。学术研究经常会发生这种情况，一篇论文发表了，若干年之后又发现新资料了，如何利用这些新资料？你可以写再论，你可以写补订，把它再补上就行了。

（五）资料梳理的脉络

下面我们来说说资料梳理的脉络，这个问题对学术研究特别重要。做一项研究，一开始应该怎么去把握相关的学术脉络呢？我认为有这么几个可能的路径：

具体操作

> **脉络何在？**
>
> 负责任的教科书
> 德国的法律评注
> 美国的法律重述

第一个是负责任的教科书。理想情况下，教科书应该包含这个学科最重要最基础的一些文献。大家将来如果去别的国家读书，拿到教科书就会发现，每一章节基本都会提到与这个部分有关的最重要的一些文献。中国的法学教科书早期有个毛病：似乎教科书是不受知识产权保护的，可以抄过来抄过去。所以我们去挖掘20世纪80年代初一些观点的来源时，就会面临非常多的困难。因为你会发现各个教科书上都是这么写的，但是你不知道最早是谁这么写的，这是我们学术不规范的一个结果。但理想情况下，教科书应该具备学术脉络梳理的功能，我相信通过近年来一些青年学者在编撰教材当中的努力，未来这个现象会有所改观。

第二个，在德国的法学传统下，有个东西叫作法律评注。法律评注是对法条的逐条注释，比如说对《民法典》或者《基本法》的逐条释义。这种注释具有一种穷尽问题和穷尽资料的功能。在某一条之下，里面的相关问题是什么、相关问题的文献有哪些,在这个注释里面应有尽有。此外,他们还会专门列一个文献目录和案例目录以供参考。北大法学院贺剑将法律评注称为"法教义学的巅峰",这个说法非常好。你只要拿到相关的评注书,所有的文献、所有的案例、所有的见解,在这一本书之中都能找到。在德国的法学教育下,一个法律人从进入法学院的第一天开始,到他这一辈子干法律工作的最后一天为止,他可能随时要用到这种评注。评注书有大型的,有小型的,小的可以买一本放在随身包里,大的随时都可以去图书馆借阅。所以在德国获取文献根本不是问题,哪怕你是一年级的学生,只要拿到一本评注,你都能轻松获取关于这个领域所有的文献。

这种评注在德国是一个非常好的传统。在中国这几年也有很大的进展,民法典评注、刑法评注都有了。另外,有的刊物(比如《法学家》)还开设"法律评注"栏目,这是非常好的导向。民法领域的评注撰写,比较公认的典范是朱庆育老师写的《〈合同法〉第 52 条第 5 项评注》(《法学家》2016 年第 3 期)。民法学界这些年在做,我们宪法学界也开始了。"宪法评注"我们现在也正在做,等完成了,大家在资料梳理上可能会容易一点。

德国还有几个比较有特色的刊物,其中有两个我印象比较深,一个叫《法学》(Jura),一个叫作《新法学周刊》(Neue Juristische Wochenschrift)。这两个刊物经常刊登这样的文章："关于《基本法》第 5 条第 1 款的重要判决"。这篇文章就把德国联邦宪法法院历史上关于这一款的重要案例，一个一个全部梳理一遍，把当中的变化脉络梳理出来。过了三年五年又有了新判决出现，又有人会写一篇标题一模一样的论文，叫作"关于《基本法》第 5 条第 1 款的重要判决"，重新来理解这个条款。在这种传统下，他们的判决脉络也是非常容易把握的。

除此以外，在其他国家有没有这种类似的形式呢？也有。比如说美国有一种叫作"法律重述"的东西，其实它也是对相关的案例学说等的一个整理。在中国，可能因为法学发展的水平所限，它还没有得到推广，我们仍然没有那么容易获取这个脉络。但是在德国、美国这样的法学发达的国家，这个脉络的获取是不难的。将来同学们如果到国外去留学的话，也可以去看一看这些书。以上是回答关于脉络梳理的问题。

回过头来，当论文进行到这里时，我把所有的资料梳理好了，填进了我论文的框架。这个时候选题有了，论文的框架有了，资料我也填进去了，但这仍属于初步的准备，不是直接的写作，下面我们就要开始写了。

粗写与细写

本书所讲的写法,不是任何一个老师曾教给过我的,基本都是我自己多年写论文琢磨出来的,愚人所得,大家觉得适合自己则用之。

我把论文写作分为"粗写"和"细写"两种写法。

粗写与细写

粗写

1. 基本思路可一气呵成。一篇论文可能最初只是几百字的想法。
2. 思考尚不成熟,可随手涂抹。

细写

排比材料后

思路、框架、结论

整体的大思路、大框架、大结论

局部的小思路、小框架、小结论

注意

逻辑

文气贯通

具体操作

（一）粗写

所谓粗写，是我在写基本思路时的一种写法。就是说，当你把各种文献、资料看完，论文的选题也确定下来了，你肯定会有一些灵感式的东西。其实任何一篇论文，可能一开始就是一个 idea，一个火花，一个非常简单的想法，但恰恰是这种东西可能构成了整个论文的基本脉络，它会贯穿你论文的研究写作的始终。而当它喷涌而来的时候，你是要一气呵成地把它写下来的。

从我的经验来看，一篇论文最初可能产生自一个几百字的想法。这个想法会在什么时候获得？不知道。读文献、整理资料的过程中不断地思考，可能突然有一天，突然有一个时刻你就想通了，有了这么一个基本想法，那这几百字的想法一定要一气呵成写下来，千万不要等，等等可能就想不起来了。有些东西是可以慢慢写的，而这个灵光乍现的想法则不能慢慢写，必须马上记下来。

我自己在"捕捉灵感"的问题上有两次比较有趣的经历。一次是我牙疼，挂了个号在等着补牙，大家知道等补牙时间非常长，我就坐在那翻看自己带的书，因为我那段时间一直在准备一篇论文，突然一下子，我在那个非常嘈杂的环境中就把这个问题想通了，我就赶快拿出笔记本来，用非常潦草的字写了一页，这个就构成了我后来整篇 3 万多字论文的一个核心的思路。还有一次更有趣，我带着孩子去泡温泉,躺在温泉旁边的躺椅上休息,突然想到一个问题,那个时候我也没有纸笔,就马上跑到卖饮料的前台去跟服务员要了一张便签纸和一支笔,当场赶快写了下来。一篇很长的论文,可能一开始就是这样一个想法,但这个想法一定要当即记下来。

我们开始写论文的时候,会有另一种粗写。这是因为脑子里有很多想法,但一时想不清楚,你没有办法以非常清晰的语言把它表达出来,那怎么办?这种时候我觉得也可以试试粗写。先别管逻辑,也别管文字,你就按照脑子里怎么想的,手底下就开始敲,敲完了可能看起来乱七八糟的,自己都不一定看得明白。但你把它敲完了回过头再去看,或再把它写一遍,就会发现里面的逻辑慢慢地被梳理出来了。从粗写到细写是有一个过程的。其中,粗写实际上是在用电脑、用纸、笔记录脑子里的想法,它可能是混乱的,但里面也包含着思想和灵感。

粗写与细写

> 写作之难,难在将网状思想,用树状句法,以线性文字展开。
> ——平克

（二）细写

那么细写是什么呢？细写就是，前面的基础都具备了，比如说一气呵成的基本思路有了，框架也有了，排比的材料都在里面了，这时，就要开始细写了。细写要以一种非常理性的形式展开，将所思所想完完整整、清清楚楚地表达出来。因为它比较具体，我没有办法给大家举特别清楚的例子去展开，但我建议，大家在整个写作过程中要贯彻着这样一个思路：一方面要注重整体，另一方面要注重局部和细节。你要时时刻刻考虑论文整体，考虑它的大思路、大框架、大结论。但是在每一个局部，你又要注意它的小思路、小框架、小结论。因此，有时你可能写得很细很细，但是写一阵子，你就需要放下笔来，跳出你写的这一块内容，从总体上再来把握一下这篇论文。

怎么去把握整体的大框架、大逻辑、大思路和小的、局部的细节？论文不像中小学的作文，两个小时就写好了。一篇论文可能要写十几天，也可能要写几个月，博士论文甚至要写几年，写的过程会时不时中断。比如，我花两个月写了一篇论文，每天大概一千字，总共积累了有五千字时，我就停下来作一个检查和回顾，第二天再继续写。我的写法是这样的，不管这个论文前面已经写了多少，我基本都会从第一个字开始看，一直看到头一天写到的地方，接着再往下写。这样的话，你的框架逻辑，还有下面讲的

"文气"就更容易贯通。

但是这种写法有一个弊端。比如说,今天我要继续写论文,那我要从头开始看,结果一天过去了,我一直在改前面的文章,后面一个字没写。这是很常见的,但是这并不意味着你没有往下写,你实际上在推进你的工作,在实现逻辑和文气的贯通。

电脑时代带来了更多的可能性,方便大家反复地敲打文字。大家想象一下,如果没有电脑,一句话写下去你要再改它那得多费劲。大家没有经历过手写论文的时代,我自己最早的论文还是手写的。那个时候电脑不普及,而且使用输入软件很费劲,老得想着要怎么去选词、选字。现在不一样了,电脑对于细致的、需要反复锤炼的写作是相当友好的。

总之,细写要保持大和小,总体和局部的观念,时刻思考你的逻辑和文气是不是从头至尾贯通的。大家把已经写成的部分读一读,就会发现哪里好像缺点什么,好像原来写得还比较粗粝,现在需要写得再细腻一点,逻辑上要再顺一些。这是粗写和细写,这个过程很漫长。

永远要有读者视角

写作永远要有读者视角。负责任的作者,一定是觉得自己想明白了才会下笔，也一定觉得自己写清楚了，才会拿出来给人看，才会投稿。但是，有时候自己以为明白了，其实可能并不明白、并不清楚。我看到过一个说法，叫作"知识的诅咒"。大概是说，你越是在一个专业领域内钻研，你就越会把这个领域的术语、理论和逻辑想当然，觉得谁都明白，你就越跟别人说不明白。你写一个题目，自己是明白了，可是没有专门研究过它的人可能就没那么容易明白，而不是这个专业背景的人可能根本就看不懂。所以，写作中需要经常跳出来想一下别人能不能看懂。最好设想一个完全不懂这个专业的人，是不是也能看懂、能看懂几分。写完一部分，你假设自己就是个"小白"，再读一读，觉得可能读不懂的地方，就要琢磨怎么改。好的专业写作，应该是外行可能看不懂，但觉得好像还挺有意思，大概脉络还是能把握的。

写作的时候要想着照顾读者。你是卖货的，读者就是顾客。营销学有个概念叫"客户黏性"，我们的写作也应该是客户黏性高的写作。你得"哄"着读者，让读者有耐心把你的文章看下去，让他觉得有意思、有收获，要避免把读者给看累了。这里有技巧，大家慢慢琢磨。

别忘了，你要投稿的话，第一读者是编辑。有编辑经验的人会说，有的文字让人看得恨不得跳楼，有的书编完了，身心愉悦。这跟作者写作是不是照顾读者有很大关系。有人说，有的大文豪，作品读着也累啊，有些名家，文章看着也差呀。要我说，你学不得他们。你是初学者，什么时候成名成家了，再摆谱。当然，摆谱从来都是不对的。要对读者好一点。

注　释

注释

> **两种引用方式**
>
> ### 直接原话
>
> 适应专门性论文
>
> 可能的危险：冗长、隔膜、滞涩
>
> 解决方法：删裁、引用后的阐释、语气联络
>
> ### 融化转述
>
> 适应通论性论文
>
> 可能的危险：错误、文字能力不足
>
> 解决方法：不可断章取义，要锤炼文字

（一）两种引用方式

在刚才的细写过程中，我们已经把素材按照自己的思

路都摘到论文里面去了。这时就要开始做注释。我们知道，注释首先是个引用的问题，引用在学术上大致分为两种，一种是直接引用，另一种是融化转述。直接引用很简单，标志就是打双引号，双引号里的就是直接引用的内容。融化转述就是对于别人的观点，进行了自己的重新表述，但是表述后面也要做上注释，一种常见做法是写上"参见"。这两种引用方式在我们的写作中经常会出现。通常来说，直引原话比较适用于一些非常专门化、精细化的论文，而融化转述更适合通论性、论说性的论文。前一种可能需要非常细地一点一点考证，反复地进行论辩，而后一种可能是相对比较抽象的大框架描述。这只是一般而言，实际上这两种论文都要用到不同的引用方式。

　　直接引用和融化转述各有优点，也各有一些缺点。直接引用的优点毫无疑问，就是准确，只要不胡乱裁断人家的句子，基本上你引来的是什么就是什么，这个很准确。

　　但是直接引用可能的问题是什么呢？第一是冗长，因为你想用这个观点，又要把这个观点在引用的话里面表达清楚，你可能要引好长一段。第二是隔膜，什么叫隔膜？就是说，人家写这段话的时候，不是为你这个论文写的，你拿来用的时候就难免与自己的行文存在隔膜。第三是滞涩，刚才提到"文气"，一篇文章的语言本来是流畅的，突然在一个地方插进去别人的一句话，那这个文气就会发生滞涩，这是直接引用的弊端。

那怎么解决这个问题呢？有这么几种方法：

一个是删减，删减对应的是冗长的问题。这是说，你在截取别人文章的时候，一定要想好怎么截既能够把原意表达出来，又可以尽可能地简短。有时我们会这样引用文章：说原作者的一段话，把中间的两个逗号之间的一段给删掉，变成了一段话表述，逗号，一个省略号，又把后面半句引出来。这就是通过删减使冗长的问题得到解决。

对于隔膜问题怎么解决呢？一个基本的方法是，引用完了以后再解释一下，把这个并不直接针对你的文章内容的引文融入自己的思路。比如说，我习惯用这样的句子："他的这样一个说法，虽然另有所指，但亦可证明我之前的某某观点"，或者用"……，也就是说……"。直接引用都要做个阐释，把当中的隔膜感给打消掉。

滞涩就是语言不贯通，那怎么办呢？这是最麻烦、相对来说也是比较高级的一个问题。我觉得这个技巧其实是这样的：当你决定要在一段话里面引用别人的原话时，你在构造自己语言的时候，就要想怎么把它构造好，能够使这句话到时候放进去，可以嵌得丝丝入扣，严丝合缝。打个比方，别人的话是一颗宝石，你拿过来要嵌到一个戒指上，你怎么把那个戒托做得好好的，刚好让那个宝石嵌进去稳稳的。这个是需要一点功夫的，有些学者很注意这一点，也做得非常好。比如首都师范大学的杜强强老师，他的直接引用在我看来就做得特别好。他的很多直接引用，我拿来让学生念念试试，如果不去看文字，而是听声音的话，你都听不出来他在里面引用了一句话，这就是直接引用的最高境界。

以上是直接引用。那间接引用或者融化转述比较可能出现的问题是什么？是错误。因为你是把人家的话转述过来，人家的原意可能不是这样的，你给转述错了，这是一个问题；另外，融化转述还有一个问题，就是你的文字能力或许不足以转述别人的观点。转述的目的本是为了避免冗长，结果你讲完了比人家讲的还长，那你还不如直接引用原文，没有必要再组织一次语言了。

所以融化转述要想用好，一方面转述要准确，另一方面要具有锤炼文字的意识。关于锤炼文字的问题，后面讲修辞的时候还要讲。

注释

尾注与脚注

尾 注

翻阅不便，基本已不采用

脚 注

1. 区分直引与参见
2. 区分注与释
3. 太长的注释可作"附考"，极为罕见

（二）尾注和脚注

我们知道，注释的基本方式有尾注和脚注两种。尾注是很不方便的，还得翻到后面去看完尾注再来看正文。尾注是如何出现的，我没有考证过，但我觉得原因可能很简单。在过去出版书籍的时候，用的是传统的方法，在上面排着正文，如果注释要放到下面排成脚注，有技术上的困难，所以就将注释全放到末尾。从传统铅字排版的角度来看，尾注是方便的。但是现代有Word，有各种文字处理软件，已经不存在技术障碍了。所以我觉得，尾注将来可以慢慢从我们的学术规范中淘汰掉了。当然了，因为任何东西都是有传统的，也有人会觉得尾注有它独特的好处，那我们可能需要一段时间去转化。

关于脚注的写法，我觉得最重要的是，要区分直接引用和参见，这个问题大家都比较熟悉了，没有双引号的，不是直接引用原话的参考，就一定要写上"参见"。

此外，还要注意区分"注"和"释"。有些是"注"，比如说这样一句话是从哪本书、多少页摘来的。而"释"是什么呢？是正文中有个问题需要说明一下，但这个说明如果放在正文中，又旁生枝节，影响了文字的贯通，变得拖沓，这时候就可以把它放到下面作为"释"。大家只要写一写，自然就知道什么时候应该用注，什么时候应该用释。还有一些特别长的注释，叫作附考，这个基本上在人文学科，尤其是历史学科中用得比较多，我们法学论文很少会用到。

■■
注释

> **注释的技术问题**
> 1. 注释号放在哪儿
> 2. 连续脚注还是分页脚注
> 3. 同上注、同前注怎么处理
> 4. 中文与外文注释体例
> 5. 同时有中文和外文版本的
> 6. 长注释单独一段

（三）注释的技术问题

关于注释的技术问题，给大家讲这几个方面。

第一，注释号放在哪儿？比如我们用"③"来标记注释三，如果你引用的是一句完整的话，这个"③"就标在句号外面。但也有可能，你引用一段话，它的结尾不是句号，而是逗号，那么注释号就要标在逗号里面。

第二，是用连续脚注还是分页脚注？一篇论文的脚注号码，是连续从1注到105，还是说每一页下面都是1、2、

3、4、5；1、2、3、4、5；1、2、3、4、5；……？这个问题，以我自己的写作、投稿经验来讲，我都是选择连续脚注的。因为你不知道你将来投给哪个杂志，那个杂志的要求是什么。到时候有了明确的要求，再进行修改也没问题。当然了，如果你们在写学位论文，比如博士论文，总共25万字，这种情况分章做连续脚注也可以。我真见过博士论文连续脚注的，最后一看注释1800多个，这就很不方便。其实，如何注释永远都有一个基本原则，那就是清晰准确，这是最基本的要求。

第三，同上注、同前注的问题。这在一开始写作的时候就要注意，比如说，你写了"注释6"是一篇文章，到了注释20的时候，你引用的是和注释6同样的一篇文章，有的人这个时候就写"同注6"。文章一经修改，在中间加了一个注，就发现找不着"注6"是哪个了。解决方法其实很简单，就是在一开始写作的时候，就把所有的项目全部写全，不要写同注×，而是把是哪本书、是哪个作者、哪个出版社、哪一年编的、哪一页，都写全了。等到将来投稿之后，期刊社有要求时再处理就好了，刚开始省劲只会给自己找麻烦。

第四，中文和外文注释的体例怎么统一。我们现在的法学界经常会引用外文文献，英文就不用说了，德文、日文都很多。现在各个刊物大多是要求，引用外文时要遵守该语种的注释规范。

具体操作

第五，一本书同时有中文版本和外文版本，怎么办？毕竟，我们读书的时候，还是更习惯读中文版本，阅读速度更快，到了注释的时候再对照一下原文。如果翻译没有问题，你也直接引用了译本中的原话，就应该做中文版本的脚注。如果你对个别字句、表述略作了调整，那么你就可以同时做外文版本的脚注，并说明自己参考原文，对译文有所修改。还有一种可能，你觉得有必要自己重新翻译，那么在做外文版本脚注的同时，可以附上"中文请参考某某书"。总之，做注一方面要准确规范，另一方面要尊重他人的劳动成果。

第六，长引用需要单独列一段时，怎么处理？我们引用的内容有长有短，有时只需要引用两行话，有时则会发现，人家说得太精彩，我没有必要多说了，不如把整段原话直接引用过来。这里要注意三点，首先，引用的段落，相比正文的段落需要再缩进两个字的位置。正文一般遵循首行缩进两个字的格式，那么引文就需要缩进四个字，这样一目了然。其次，引文的字体通常不同于正文，需要改成楷体。最后，直接引用的段落一般不宜超过一百字。这是原则，需要大家自行把握。值得注意的是，有些刊物并不允许直引整个段落的做法，而是要求将较长的引文放在正文当中，我认为这未必有益。

(四)补订

下面要介绍一种现象——"补订"。我们刚才讲,有了框架、有了材料,开始正式下笔写,但是在写作过程中,会出现几种情况。一种是你在写作过程中发现了遗漏。写着写着,发现自己的论文少了一块,这种情况下你可能需要停下来,重新去查找材料,去补充,这是非常常见的现象。有人会疑惑,写作前不是已经花很大功夫去梳理了吗?其实,再怎么梳理都有可能会出现这种情况,出现你原来没想到的新材料、新问题。还有一种是,初稿已经完成以后,在修改的过程中,又发现了新的材料,或者有了新的想法。那可能就要重新再去做补订。

可以看出,学术写作是一个反反复复的过程。中国古代在形容一个人有才华的时候,经常说"下笔千言,倚马可待",看看李白是怎么写文章的,"一挥而就,文不加点"。这些词都是我们用来形容一个人有才华、有文采的。类似的还有关于王勃写《滕王阁序》的轶事。我跟大家讲,那是文学性写作,我们要进行的学术性写作绝不是那个样子。

我们要破除学术写作中最基本的一些误区。几乎所有的同学在刚开始写作的时候都有一个想法:既然写论文要看那么多的文章,要做那么多的注释,那我自己的东西在哪里?很多同学都会有这个疑惑,写了半天怎么都在说别人，我自己的东西在哪里？仿佛中学作文一样，只有一张白纸铺在面前，你什么都不看，从头到尾自己写出来，这才是自己的，是不是这种感觉？我认为，这都不是学术写作，这是文学写作。在我看来，中国中小学的写作训练最大的问题就在于此：我们从小到大只受文学写作的训练，把大家全都训练成根本入不了文学门的业余文学爱好者，最后同学们连平平实实地说话都不会了。上了大学以后一定要纠正这种写作方法，学术写作一定是区别于文学创作的。

学术写作当然可以有不同的风格。我看到过一个诗学研究者的观点，他说诗人有两种，一种是赌徒式的，一种是棋手式的。赌徒式的诗人，比如李白；棋手式的，比如贾岛。这是两种不同风格的诗人。这个说法非常有意思。学者可能也有不同风格，但是，所谓"下笔千言，倚马可待"，"一挥而就，文不加点"，这都不是学术写作真正的状态，学术写作一定是一种非常艰苦、非常理性、非常缓慢的表达过程。

短文与长文

下面讲关于文章长短的问题。

短文与长文

短　文
避免简略仓促,要留有余味和想象空间。
长　文
避免拖沓冗长,令人不能卒读。
要做好各级标题,要有文眼、吸引人的点。

现在的法学期刊发表的论文,一般在一万字至两万五千字为宜。这和刊物的定位及办刊风格有关,如华东政法大学的《法学》,早期就以跟踪热点为特色。所以,它推出的文章讲求时效,一般比较短,甚至会刊登八千余字的论文。但这毕竟是个例,《法学》只此一家,别无分号,多数期刊论文是会比较长的。

具体到个人的写作,也会有短与长的区别。我发表的最短的文章,大概七八千字。最长的是发在《清华法学》的《基本权利的体系思维》,算上注释有四万多字。长文章和短文章各有不同的写法。绝对不是说一篇短文章,我往里面使劲儿注水,它就是长文章了。也不是说一篇长文章,我把它删去一些,把它的核心和骨架剔出来,它就是一篇短文章。长文和短文的区别在于:它本身承载的内容、它的功能是不一样的。短文章要避免给人简略仓促的感觉,要留有余味和想象的空间。长的文章则一定要避免拖沓冗长，不然看不下去。我不知道同学们在现在这个阶段，觉得自己把文章写长容易，还是写短容易？

（学生回答：写长。）

写长容易是吧？你看，写长容易基本上是第一步。刚开始写的时候，大家都觉得不知道写什么好，没什么可写的，像我们小学的时候写作文，觉得写四百字好难；现在要写四千字的东西，一会儿就写好了。

其实写长写短都难。但这种认识的转化会经历一个过程。有一个阶段会觉得，写不短，都得往长了写。可能再发展发展你就会发现，其实也是有办法写得短的，这需要一个过程。周作人也研究过很多文论的写法，他说，天底下最难写的是三四百字的文章，他努力了一辈子也就能写到六七百字。他列举过一篇非常精彩的短文：

公少颖悟，初学书，不成。乃学剑，又不成。遂学医。公病，公自医，公卒。

就这么一个故事，讲了一个人的一生，让人看了以后觉得可笑得不得了，能够不停地去想象中间的各种环节，这是很有意思的。你怎么能够让一篇短文章读起来不显得仓促，而又有很多的余味、很多的想象的空间，这个很难。而长文呢？大家体会一下，任何一个人愿意看完你几万字的论文,你都应该感谢他。

但是,一篇长文章,怎么才能让读者看下来呢?换句话说,你怎么去抓住他的眼球,保持他的注意力呢?可以有很多做法:

首先你要做好各级标题。越长的文章,标题就越要细致。不仅总标题要设计精当,各级标题和分段也应当恰如其分。我曾经见过一位作者,他的文章写得挺长,可是有的部分,四五页内容,却连个小标题都没有。这让我怎么看呢?我问他:"你就不能分点层次吗?"他说:"我分不出来,我思想就是那么表达出来的。"在我看来,这其实说明文章的思想很混乱。所以大家写作一定要分出各级标题来,甚至要有"文眼"。

什么叫"文眼"呢?我的理解就是,当你去浏览一篇长文章的时候,可以让你的目光停留一下的那些地方。没有了这些"文眼",对于一段很长的论述,大家会发现,虽然论证得很详细、很严密,也很精彩,可读者未必有兴趣看。但如果下面再来一个短段落,把上面总结一下,把下面承接起来,提纲挈领,承上启下,前后的逻辑也就清楚了,读者也就容易看懂了。

文眼有很多形式,比如说某个地方放个图表,这也是个办法,甚至于某个地方,你把这个词的外文注在那里都能起到抓人眼球的作用。在你大量快速阅读的时候,发现这儿有个德文词,目光肯定会停留一下。这都可能是构成文眼的东西。提升读者的阅读感受，有很多办法，大家写多了以后可以细细琢磨。

摘要怎么写

论文的摘要，总的来说有两种写法：第一种是述说文章的研究价值和基本结论；第二种是总结文章的各个部分，形成一篇小论文。

> **摘要与关键词**
>
> **摘要的两种写法**
>
> 述说研究价值和结论
>
> 总结各个部分，形成一篇小论文
>
> （阅读一篇论文需要 50 分钟甚至 5 个小时，但读者只有 5 分钟，怎么办）

就我个人的观察来看，早些年学术界较多采用第一种写法，即述说研究价值，再提出简单的结论，有的时候只说明研究价值，不提结论。近些年我发现第一种写作方法在研究中越来越少用,而更多地采用了第二种写作方法。

我猜测这种变化其实与我们的学术成熟度有关,在二十年前许多题目都是全新的,文章所讨论的话题对读者来说是陌生的,因此写作者就需要花费较多的精力和篇幅,让读者知晓你要做什么,你研究的意义是什么。现在这种情况基本不会出现,如今我们很少在学术刊物中看到一个完全陌生的题目,读者在阅读文章之前已经对要讨论的话题有了基本了解,此时更重要的就在于文章的具体观点。所以我认为,现在比较常用的是第二种写法,即总结各个部分形成一篇小论文。

摘要的写作需要非常简略。我刚才讲过,摘要是在论文全部写完以后,再来提炼和写作的。我们的主观愿望当然是想将文章的观点尽可能地表现出来,害怕漏掉了这个点,遗憾舍去了那个点,但你会发现这样的话摘要就会越写越长。

写作摘要时,我有一个基本原则,就是"阅读一篇论文需要 50 分钟甚至 5 个小时,但读者只有 5 分钟"。这句话怎么理解呢?完整阅读一篇论文可能需要 50 分钟甚至 5 个小时,如果遇上一个真正对你的论文有兴趣的读者,那么他自然会花时间和精力去认真阅读你的文章,这种情况下摘要并不那么重要。但并不是所有的阅读者都是对你的论文有强烈兴趣的主动阅读者,此时摘要就显出了它的重要性。

比如你投稿的时候,就要通过摘要去吸引编辑,这是摘要的一个重要功能。大家知道,编辑每天要处理大量的学术稿件,包括我自己也有在法学学术刊物做编辑的经历,许多寄过来的文章,就是要先看一下题目和摘要,再作判断。面对大量学术稿件,我可能只有5分钟时间详细阅读每篇文章的题目和摘要,看完了以后按照质量依次分类,有些文章题目和摘要质量不过关就直接淘汰,剩下的文章再来详细阅读,用这种方法减少工作量。

在了解了摘要的意义之后,大家就要想一想,如何用5分钟的时间抓住潜在读者。摘要,就是要总结文章各部分的基本内容,这里涉及前文讲述的论文的基本结构——首先是导论或问题的提出,然后是正文(需要有详细的论证),最后是结论。

但是请注意,摘要并不是论文同比例的浓缩。在论文中,正文的篇幅可能占90%,但是在摘要中它可能只占50%。因为你还需要留出50%用来阐明文章所讨论的问题。撰写摘要的确需要顾及文章的各个部分,但是要注意,对正文部分的概括是要高度浓缩的。把握这样一个基本原理:用一两句话把论文的问题意识说清楚,再用一两句话讲结论,中间不管正文篇幅有多长,最多用三四句话概括。

下面是我自己写的几个摘要。第一个是《基本权利的体系思维》(《清华法学》2012年第4期),这篇文章有四万字，但是摘要就下面这一小段。

摘要与关键词

> 《基本权利的体系思维》摘要
>
> 当前的基本权利研究存在"破碎"与"稗贩"的弊端。此弊端的克服，有赖于基于中国宪法文本的体系化思考。德国基本权利教义学从"价值与请求权体系"到"基本权利的功能体系"的发展，可以为建构中国基本权利的法学体系提供方法上和内容上的借鉴。体系化乃是法学的基本思维，是法学达成其学科使命的基本致力方向。通过解释中国宪法基本权利章的两个概括性条款——第33条和第51条——可以建构初步的理解中国宪法下的基本权利的整体方案，并为诸多理论与实践问题的解决提供思考框架。

当然，我当时写的时候并没有意识到我的摘要要写成什么样，现在我自己也作为一个读者来看的时候，发现这个摘要其实还算规范。

第一句话，"当前的基本权利研究存在'破碎'与'稗贩'的弊端"，这实际上是在说既有研究及其不足，"此弊端的克服,有赖于基于中国宪法文本的体系化思考",这其实在说我的研究方法和研究思路,然后下面两句讲德国的、讲体系化的,这其实就是我的这篇文章研究的主要内容了。下一句话,主要讲怎么去建构我们中国的基本权利的理论体系,通过两个概括性条款的阐释来处理。最后说明这样一个方案建构出来后,可以为解决理论和实践问题提供思考方向,则是点明我的研究的学术价值。

再给大家看一个摘要,这是我另一篇文章《财产权的社会义务》(《中国社会科学》2012年第9期)的摘要。

摘要与关键词

《财产权的社会义务》摘要

除了必须附带补偿的征收,法律制度中还存在诸多对于财产权的"不予补偿的单纯限制"。此种限制往往被视为财产权的社会义务,也就是私人财产权为了社会公共福祉所应承担的正常负担。财产权伴随社会义务的理念,是对古典自由主义的"所有权绝对"理念的反动,其社会经济背景是个人的基本生存状态从依赖私有财产到主要依赖社会关联的转变,而在意识形态上,其与社会主义或者"社会国家"观有着密切联系。财产权伴随社会义务的理念对传

> 统物权法、合同法、公司法等产生了巨大的影响。在保护私人财产自由的前提下，协调其与社会安全和社会正义之间的冲突，是现代宪法所必须面对的课题。在中国背景下，此种平衡与协调，同时亦有助于消解我国《宪法》第13条私人财产权条款与第2条社会主义条款之间的紧张关系，有助于弥合当下中国不同意识形态之间的对立。

第一句是：

> 除了必须附带补偿的征收，法律制度中还存在诸多对于财产权的"不予补偿的单纯限制"。

这实际上是问题的提出，对既有研究及其不足的说明。就是说，我们以前关于财产权的研究，主要在研究征收，而征收是要补偿的，我现在研究的是不属于征收、且不予补偿的那些单纯限制，我要去研究一个大家没涉及的领域。

下面的内容主要是在概述我的论文的主要的观点。最后是这篇文章的学术意义：

> 在保护私人财产自由的前提下，协调其与社

会安全和社会正义之间的冲突,是现代宪法所必须面对的课题。在中国背景下,此种平衡与协调,同时亦有助于消解我国《宪法》第13条私人财产权条款与第2条社会主义条款之间的紧张关系,有助于弥合当下中国不同意识形态之间的对立。

这两个摘要其实比较偏重我们先前讲过的第一种写法,即重点讲述论文研究的问题和基本结论。《刑法体系的合宪性调控——以"李斯特鸿沟"为视角》(《法学研究》2016年第4期)这篇文章的摘要就比较偏重第二种写法。

摘要与关键词

《刑法体系的合宪性调控——以"李斯特鸿沟"为视角》摘要

国家刑罚权的控制同时也是宪法学的课题,有必要将刑法学的学理置于宪法教义学的观察之下。刑事政策与刑法体系的疏离(李斯特鸿沟)具有宪法意义。刑事政策并非必然外在于实证法,而应该以宪法为其实质来源。刑事政策的宪法化有助于改善其模糊性,缓和对实证法体系的冲击,并补强其批判立法的功能。应该构建具有宪法关联性的、以基本

> 权利为核心的法益概念，使其兼具刑法解释和批判立法功能。刑罚制度的政策性调整，应该接受比例原则的审查。基于此，对于《刑法修正案（九）》中的"扰乱国家机关工作秩序罪""终身监禁"等争议的刑法学分析，可以得到宪法教义学的补强与回应。在刑法的合宪性解释、"风险刑法"与国家任务、刑法规范的明确性与立法机关的裁量空间等众多问题上，有待刑法学与宪法学的学理沟通。两个学科共同承担着对刑法体系的合宪性调适任务。

大家可以看到，这个摘要就是把论文各个部分的核心内容放在一起，是上面讲的第二种写法。

总之，我认为，论文的写作，难点之一在于问题的提出，难点之二就在于摘要。它的难度主要在于当你写完了论文的所有部分之后，要如何用最少的文字传递尽可能多的信息。请大家注意，这里的传递信息并不是传递文中所有的准确信息，而是传递给潜在读者，你将会在我的文章中看到什么。

关键词是干啥的

————————// ————————

关键词的拟定也很重要。关键词其实只有一个功能，就是检索的功能。所以拟定关键词的唯一标准，就是方便检索。设置关键词的时候要想好，你设的关键词，将来别人能不能检索到，别人检索的时候会不会用这个词。比如说，你的关键词里面写了一个"发展"，但是没有人会拿"发展"这两个字去检索。所以关键词的设定，一定要具有足够的可检索性，才能让别人找到你的文章。总而言之，能把论文里最关键的核心概念凸显出来的词语，就是关键词。

我们有时会遇到这样的问题：拟采用的三个关键词，已经涵盖在标题里了。这时就可以考虑舍弃掉这些标题中已有的词。原因在于，大家检索的时候会做标题检索和关键词检索，所以这种情况下可以将关键词留给正文中的重要内容。比如说我的这篇《刑法体系的合宪性调控》，核心实际上在探讨刑事政策问题，但"刑事政策"没有在标题中出现，那么就必须放在关键词中。而这篇文章又涉及罪刑法定的问题，所以"罪刑法定"也必须是关键词。这当中的关系，大家慢慢去琢磨。总之，学习写作，最关键的是要多去看别人是怎么写的。"千古文章一大抄",不是要你去抄他人的内容,而是把他人的写作方法学过来。无论是用什么语言写作,写作的学习都是个模仿的过程,仿写是很关键的。

标题怎么拟

———//———

还有一个问题,标题怎么拟?在我看来,拟标题的核心原则是:用最简单的字眼,最简单的结构,表达最关键的信息。标题不能复杂,要让人一眼看过去就知道这篇论文写的是什么。关于标题有这样几个我觉得要注意的基本问题,比如说,标题是长还是短?要不要用副标题?标题如何分级?

不同的作者、编辑甚至不同的刊物,对要不要用副标题,风格都不一样。印象里《中国法学》发的文章,很少有用副标题的。但记得有个刊物的某一期,也不知道怎么就赶上了,所有的论文都有副标题,目录看起来就很好玩。我的看法,用不用副标题不能一概而论。副标题的取舍要看情况,要服务于标题的整体。

具体操作

标题

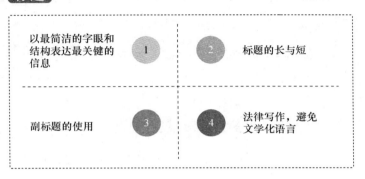

（一）长标题和短标题

标题是长还是短？长跟短效果肯定是不一样的，我用过短标题，也用过长标题。比如说，"财产权的社会义务"八个字，在学术论文里就算短标题了，"基本权利的双重性质"九个字，"刑法体系的合宪性控制"十个字，这些都是短标题，当然后面是加了副标题的。短标题有什么效果呢？其实短就是长，少就是多，郑板桥讲"少少许胜多多许"，此之谓也。字数越少，气魄越大，气象越恢宏。所以，你要有能力把标题起短，越短越好。与其试图在标题里面解释太多的东西。不如把标题起得有意思，抓眼球，大家自然会愿意去看正文。

> **举例**
>
> 《财产权的社会义务》
>
> 《基本权利的双重性质》
>
> 《基本权利的体系思维》
>
> 《刑法体系的合宪性控制》
>
> 《两种宪法案件：从合宪性解释看宪法对司法的可能影响》
>
> 《祛魅与自足：政治理论对宪法解释的影响及其限度》
>
> 《走出"方法论的杂糅主义"——读耶利内克〈主观公法权利体系〉》
>
> 《个人所得税作为财产权限制——基于基本权利教义学的初步考察》
>
> 《基本权利在私法上效力的展开——以当代中国为背景》
>
> 《基本权利的受益权功能与国家的给付义务》
>
> 《功能适当原则与宪法解释模式的选择》
>
> 《机动车限行、财产权限制与比例原则》
>
> 《形式法治与法教义学》

具体操作

给大家讲几个我起标题的例子。下面的几个标题都特别长，我不是特别喜欢，但好像也没有更好的选择。比如说《两种宪法案件：从合宪性解释看宪法对司法的可能影响》(《中国法学》2008年第3期)这篇，是国内比较早研究合宪性解释问题的文章。当时起标题的时候，如果把前面"两种宪法案件"去掉，"从合宪性解释看宪法对司法的可能影响"意思也是完整的。但是缺点什么呢？缺点儿吸引眼球的东西。加上"两种宪法案件"，更多的人看到以后可能不会去看后面的副标题，而是会翻开正文看看，到底是哪两种宪法案件。其实这里体现的就是一个小小的"抓眼球"的技巧，所以写长了也无所谓。注意，作为一个写作者，你永远要解决一个核心问题：吸引读者来看你的文章。

另一篇叫《祛魅与自足：政治理论对宪法解释的影响及其限度》(《政法论坛》2007年第4期)。这两个标题都不得不写得很长，别无选择。

再如这篇《走出"方法论的杂糅主义"——读耶利内克〈主观公法权利体系〉》(《中国法律评论》2014年第1期)，因为这是一篇书评，必须把书的名字写出来。有些时候，你必须在标题中说明为什么要写作。比如这篇《个人所得税作为财产权限制——基于基本权利教义学的初步考察》(《浙江社会科学》2013年第9期)，为什么要在后面加一个那么长的副标题呢？因为如果我不加这个副标题，别人就不知道这是一篇宪法论文。看题目可能会以为这是一篇财税法学者写的财税法的论文,加了副标题,意思就是说,这不是财税法角度的论文,我是宪法学者,要从宪法角度讲。其实我所有的文章标题,都各有各的考虑。

刚刚介绍了长标题和短标题,还有一种标题我也比较喜欢用,就是关系性的标题:"什么和(与)什么",比如说《基本权利的受益权功能与国家的给付义务》(《中国法学》2006年第1期)、《机动车限行、财产权限制与比例原则》(《法学》2015年第2期)、《形式法治与法教义学》(《法学研究》2012年第6期)。这是因为论文里有两个关键词,而论文要描述它们的相互关系。法学经常要去描述事物之间的相互关系,这会构成一种标题的类型。"基本权利的受益权功能与国家的给付义务",依据的就是权利和义务这一对范畴。但我这组文章里面另外的一篇,就直接叫作《论基本权利的防御权功能》,没有用"与"。这是因为我考虑到防御权功能是消极的,与它相对的就是国家不干预,那么这篇文章把防御权功能是什么说清楚就好了。而受益权功能则是与国家积极的给付义务相关的,所以我要去讲两者的关系。

(二)题目的修改

举两个我改标题的例子。

其中有一篇就是《基本权利的双重性质》(《法学研究》

2005年第3期)。这篇文章的标题刚开始起得特别长,大概是"作为主观权利和客观价值秩序——基本权利的双重性质"之类的。那时我刚刚读完博士,开始去尝试写作和发表。这篇文章投给《法学研究》,很快就通过了。但是编辑没有跟我说,直接把标题改成了《基本权利的双重性质》。后来我特别感谢这位编辑。看到《基本权利的双重性质》这个题目,读者就会想翻开看看"双重"到底是哪两重;如果把具体是哪两重性质写在标题里面,反而让大家更加迷惑,所以可以说这位编辑给了我很大的启发。这么多年下来,我感觉到了真正的好编辑对于作者的帮助。而且大家不要怕把自己的文章给别人看,别人给你提的意见经常是很有帮助的。别人帮我改过文章,我也帮别人改过文章,我觉得这是学术成长道路上非常重要的一个方面。

我还有一篇文章《"近亲属证人免于强制出庭"之合宪性限缩》(《华东政法大学学报》2016年第1期)。文章涉及刑事诉讼法中规定的证人出庭制度。证人不出庭可以强制出庭,但是被告人的配偶、父母、子女可以不被强制出庭。你们看,光法条内容我就说了这么半天,我又要写这个法条的合宪性控制,所以当时论文的标题改来改去改了好多遍,其中一版是叫作"强制证人出庭除外规定之合宪性限缩"。投稿之前一两天,都还是这个标题,但到最后我还是觉得太缠绕了。"强制证人出庭除外规定之合宪性限缩",这个标题存在一个什么问题?那就是,熟悉《刑事诉讼法》的人一看就知道，强制证人出庭除外规定，指的是"被告人的配偶父母子女不被强制出庭"。可是不熟悉《刑事诉讼法》的人，就不知道这个意思。这个标题传递的信息就不足，会产生隔膜。后来我就把这个概括法条的短语进一步修改，改成了"近亲属证人免于强制出庭"，这回一看标题大家就知道是什么了。《"近亲属证人免于强制出庭"之合宪性限缩》，打个引号，就意味着把它名词化了，标点符号有时可以用来"名词化"。"这个东西"的合宪性限缩，就要清晰很多。这是我自己改标题的两个经验，希望对大家能够有所启迪。

改标题的例子

强制证人出庭除外规定之合宪性限缩

→"近亲属证人免于强制出庭"之合宪性限缩

作为主观权利和客观价值秩序——……

→基本权利的双重性质

再举一些例子，丁晓东老师有一本书叫《美国宪法中的德先生与赛先生》，我觉得这个书名起得也非常好。谁都知道美国宪法，谁都知道德先生与赛先生，可把它们放到一起来说是什么意思？琢磨之下，你会发现他的核心主题就是说宪法里面既有民主正当性问题，又有科学性的问题，

这就形成了他的标题。

另一个例子是王贵松老师翻译的芦部信喜《制宪权》。这本书日文原名叫作《宪法制定权力》。王贵松老师开始也沿用了这个书名，直到定稿出版阶段，才改成了更加简洁明快的"制宪权"。而"制宪权"在国内的使用是远比"宪法制定权力"频繁的。这里面还有一个微妙之处。翻译日文时，大家经常会觉得反正都是汉字，直接拿过来用就好，但这样做可能会很别扭，许多地方是需要转化的。

（三）各级标题

首先，关于硕士论文各标题的题号。不要写"第1章""第2章""第3章"，因为3万字的硕士论文没必要分章，多章的写作可以等博士论文再说。写"一""（一）""1.""（1）"就行了，再往下就是"a.""b.""c.""d."。

其次，二级以下标题在结构、长度等方面具有一致性。那么一级标题要不要一致性？我认为一级标题不一定有一致性，比如第一个一级标题可能是"问题的提出"，其他一级标题不一定能和"问题的提出"保持结构一致。而三级标题也不一定完全一致，但是二级标题的结构基本上要保持一致，不要一个特别长，一个特别短，一个很复杂，一个很简单。大家去看看苏永钦教授的论文，往往能内部标题一样长，都是七个字，或者都是九个字，这个功力了不得。

我发现有些人的二级标题经常是两行,这可能会涉及审美的问题。我觉得这样不好看,但有人就觉得这样说得更清楚,一个标题就把这一段的核心的意思概括出来了,这的确是个人风格,无法强求。但无论如何,标题的设置一定要有逻辑在里面,是并列关系,还是因果关系,抑或递进关系。此外,我认为大家对待标题要有一种诗的精神,要让标题念出来是好听的,比如"基本权利的双重性质""财产权的社会义务""走出方法论的杂糅主义"之类的,读出来是更好听的,让读者获取信息的同时也有"悦读感"。

修辞与积累

修辞三句话

先讲修辞的几个原则。可以用以下三句话概括:
"修辞立其诚"
"辞达而已矣"
"巧言令色鲜矣仁"
我觉得这三句话特别好,它们其实讲的都是一回事。

原则

- "修辞立其诚""辞达而已矣""巧言令色鲜矣仁"

> - 问："修辞立其诚是修辞了又着力立诚,还是修辞立其诚?"
> - 曰:"一事苟则事事皆苟。先圣说此话,非是修饰言辞,要人说好;只要欲体当自家之诚意。辞语才不精择,即心里潦草可知。"(陈埴)

这是明代一位理学家说过的一段话,我从别的书上看到的,我没有看过他本人的书。他说了这么一段话,我觉得特别有意思。他们这一派的学者的著作都是问答体。

"修辞立其诚"到底是什么意思?是说我要讲修辞,但是我修了辞,回过头来又要讲诚,就是说修辞和诚意就是一回事?看他的回答,"一事苟则事事皆苟。"人是这样的,一件事情苟且了随意了,那你就做什么事情都苟且随意了。

二月河的小说里有个比方很好。乾隆皇帝给大臣讲道理,说有一个人做了一双新鞋,出门唯恐沾上泥,特别小心。但是再怎么小心也沾上了一点泥,沾上一点就有第二点,到后来就索性不在乎了。他讲的是个人的道德修养,"不矜细行,终累大德"。回到修辞的问题上,如果你不讲究修辞,写作很随意,说明你做什么都是随意。他是说修辞本身和诚意就是一回事,"先圣说此话,非是修饰言辞,要人说好",圣人说这个话并不是说为了别人觉得好而要把文章写漂亮,而是"欲体当自家之诚意",就是说,修辞是

修辞与积累

为了把自己的诚意完完全全地表达出来。所以,"辞语才不精择,即心里潦草可知"。如果修辞都不行,表达都不好,你的内心就是潦草混乱的,哪里谈得上诚。他的意思,修辞和诚是一体的。我看了拍案叫绝,觉得这说得太对了。多年来我有个观察得出的结论:文章的文字不好,文章基本好不了。有些人说,你不要看我的文字,你看我的思想。如果表达都表达不好,谈什么思想?我跟一些编辑交流,有的人跟我说:"我们哪是编辑,我们帮那些作者写文章呢。一篇文章乱七八糟就扔给我们,我们现给改文字呢,跟小学语文老师似的。把他的文字理顺,错误表达、口语化的东西、错别字、标点符号给他改完,最后一看:哎,文章看起来挺好的。"有好几个编辑跟我讲过类似的话。

鲁迅在跟学衡派论战白话文的时候,特别狠。他拿学衡派诸君写的文言文来挑错,说他们主张文言文,写的文言文却不通。"文且未亨,理将安托?"鲁迅先生的意思是:你们文章写得这么烂,有什么资格讲文章的道理呢?

我理解"修辞立其诚",就是修辞要怀着口正敬畏之心,对自己的言辞切实负责,用最好的方式进行表达,而且不以修辞来掩盖、矫饰、欺骗。

这点特别重要。现在用修辞去忽悠人的太多了。文章写得花团锦簇、气势磅礴,但是结论却让人难以接受。看文字都觉得讲得很对,但是结论就是接受不了。这种情况,很可能就是在忽悠。用修辞来忽悠人，用文字的狂欢、语言的暴力，去掩盖悖谬的真相，是非常糟糕的。我觉得在当下这个舆论场里，"平实清晰地表达"才是"诚意的表现"。诚意在哪里？就表现在你的表达是平实的，表达是具有诚意的。所以，"修辞立其诚"这句话，大家一定要记住了。

"诚实"与"细密"

叶圣陶：《怎样写作》

- 我们内蓄情思，往往于一刹那间感其全体；而文字必须一字一句连续而下，仿佛一条线索，直到终篇才会显出全体。又，蓄于中的情思往往有累复、凌乱等等情形；而形诸文字，必须不多不少，有条有理才行。因此当写作之初，不得不把材料具体化，使之成为可以独立而且可以照样拿出来的一件完美的东西。而组织的功夫就是要达到这种企图，这样才能使写出来的正就是所要写的。

> - 或以为大作家写作，可无须组织，纯任机缘，便成妙文。其实不然。大作家技术纯熟，能在意念中组织，甚且能不自觉地组织，所谓"腹稿"，所谓"宿构"，便是；而绝非不须组织。写作的必须组织，正同做事的必须筹划一样。

关于文章的诚实，给大家看一段叶圣陶的话。我们的想法、观点、主张，也就是我们真诚相信的东西，一开始只是脑海中的一团 idea。而写作就是要通过语言的组织，有条有理地把这一团乱麻理清楚、说明白。不能以文害意，为写而写。又必须苦心孤诣，清清楚楚地阐发，让自己的 idea 无剩义、无遗憾地都表达出来。对得起天地良心，对得起自己的思考。

叶圣陶还说，大作家写作似乎如有"宿构"，"文章本天成，妙手偶得之"。这不是真的。其实只是写得多了，经验丰富的表现。就像你看梅西、德布劳内踢球，感觉他们总能不假思索地处理球，传球仿佛开了天眼，是"上帝视角"，其实也都是刻苦训练和比赛积累而来的。当然，天才是有的。有人说：我们总是赞叹梅西的天才，而忽略了他有多努力。写作也是一样的。

法律语言:"自我选择的贫乏"

法律语言的特点

- 法律语言最好是确切的、简洁的、冷峻的和不为激情行为左右的。最好的法律文本是出色的文宣作品,它们用精确合适的语词形塑出一种世界经验,并帮助我们通过同样精确得富有美学意义的语言模式,把人类的共同生活调控到有秩序的轨道上。——哈夫特
- 冗长而复杂的句子;冗长的用词和冗余;单词堆砌、异常的句子结构;更多的否定式;……
- 精确性 ——蒂尔斯马

法律语言有一种"自我选择的贫乏",这是拉德布鲁赫的话。然后,有一个研究法律语言的德国学者哈夫特,讲了这么一段话描述法律语言的特点。他说,"法律语言最好是确切的、简洁的、冷峻的和不为激情行为左右的"。法律语言是要理性地论证的,是要讲道理讲逻辑的,"冷峻"这个词很能表达法律语言的特点。"最好的法律文本是出色的

文宣作品","文宣"两个字好怪。我想他是想说,法律文本也可以是优美的。比如,据说写《红与黑》的司汤达,在写作之前会读上几段《拿破仑民法典》,以找到法语的语感。但语言优美是很高的要求,而且不是法律语言首先应该追求的。"它们用精确合适的语词形塑出一种世界经验,并帮助我们通过同样精确得富有美学意义的语言模式,把人类的共同生活调控到有秩序的轨道上。"这句话想表达的就是语言的秩序和法律的秩序的关系。法律是追求秩序的,所以语言也要追求秩序。语言既然是追求秩序的,就不应该是含混的、不应该是繁冗的、不应该是富于感情色彩的、不应该是会让人无限遐想的。所以,他对于法律语言的描述,最核心的概念就是确切,就是精确性。

还有一本书《彼得论法律语言》,概括了法律语言的特点,是针对法律英语的,非常有意思。里面说法律语言的特点是:"冗长而复杂的句子;冗长的用词和冗余;单词堆砌、异常的句子结构,更多的否定式……"这句话让我想起我看过的一个表达:"此实难谓无违宪之虞"。大家想想,到底是说违宪还是不违宪。法律人说话,有时候是挺缠绕的。但是这本书的作者蒂尔斯马又说,法律语言最大的特点在于"精确性"。有时候吧,为了精确,就得用繁复缠绕的表达。

精确性与法律语言"自我选择的贫乏"有直接联系。"自我选择的贫乏",就要避免使用文学化的、意义模糊、感情充盈的文字。甚至于，有些编辑认为，法学论文都不应该用惊叹号。我之前也用过惊叹号，但后来也觉得不用更好。惊叹号像是扯着嗓子跟人喊，不是要说服人家，而是要吓唬人家。而法律语言是要理性冷静地讲道理的。（沈从文讲过一个意思，写风景不能用形容词。有点类似，不过这是更高级的写作技巧了。）

所以，大家学了法律之后，在写作方面要有意识地改变风格。我们的中小学语文教学，从小到大写作文，老师都是要大家写出文学性、写出美感。有一次看我女儿的一篇作文，老师用红笔画了好多波浪线，表示这些句子写得好。我觉得真的写得挺好。她写秋天，说秋天的红像什么？"秋天的红就像灯光下拿着冰糖葫芦的小女孩眼中的快乐。"我真的觉得这个句子写得确实很好，那时候她四年级，我觉得挺有灵性的。但是，如果学法律，就必须改掉这种文学化写作的思维。我们中小学的语文教学，好像都是在培养文学化写作，把大家朝着文学家、散文家的方向培养。到了写学术论文的时候，一定要把这些东西忘掉。

大家知道，有很多从法学院逃逸的文学家，比如卡夫卡、海子。为什么要逃逸呢？我猜是因为学了法律就不会写诗了。有不少法学家当年都是有文学梦的。上个世纪七八十年代，每个青年人都有文学梦。天底下文科生心目中最牛的地方，青年人心目中的文学圣殿，是哪里？北大中文系！但是，法律的思维跟诗人思维真的很不一样。说起卡夫卡，刘小枫的一本书里讲到卡夫卡为什么不结婚，说卡夫卡用了一个词"夺灯的权利"。意思是，一旦你结了婚，你晚上想写作，你的妻子有把你的灯拿走让你没法写的权利。刘小枫说，卡夫卡毕竟是学法律出身，才会用"权利"这个词去表达这个事情。不知道是不是有点过度解读。这本身就挺文学化的。

总之，修辞立其诚，辞达而已矣，不巧言令色，使用平实、清晰、理性、冷静的语言，是法学写作应该秉持的。在法学专业写作中，也有一些场景是承载文学化写作的，比如写序言或者其他的短评。但在写法学论文的时候，必须要克制文学欲望。

"消极修辞"与"积极修辞"

消极修辞与积极修辞

- 夏丏尊、叶绍钧：《国文百八课》
- 消极修辞：求不坏
- 积极修辞：求更好

　　先求不坏，再求好。

修辞可以分为两种，叫作"消极修辞"与"积极修辞"。对这种区分，特别是"消极修辞"，大家可能有点陌生。这首先是因为，以汉语作为母语的我们，好像是不怎么学语法的。大家知道，汉语语法是近代西方的语言学传到中国后，才有意识创造的。按照西方的传统认识，会认为汉语是没有语法的。汉语的语法，最早是马建忠用西方的语法理论解释汉语而来的，他的书叫《马氏文通》。陈寅恪在清华大学出国文题，出了个上联"孙行者"，让学生们对下联。可以对"胡适之""祖冲之"等等。（也有学生瞎对"猪八戒"的。）我看过一篇文章，说陈寅恪这道题，有很深刻的关于汉语语法的思考，是对马建忠以来的汉语语法理论的反思。这里面涉及非常专业的语言学知识，这里就不扯远了。我们从小学汉语，是不怎么学语法的，好像只有一些修改病句方面的内容。到了中学，也有一些语法的内容，主谓宾、定状补之类的。学得不是很清楚，但并不影响我们写作。但我们好像从小就会学修辞，比喻、夸张、拟人、通感，等等。但这种修辞的学习，好像也就是在考试中判断是哪种修辞手法，跟写作似乎也不直接相关。

我在备课的时候，看到了夏丏尊、叶绍钧编的《国文百八课》。这两位都是语文方面的大专家，这本书是写给中学生的。这本书里概括的"消极修辞"和"积极修辞"，我觉得挺好的，对写作有用。

什么叫消极修辞？消极修辞，就是求不坏；积极修辞

修辞与积累

是什么？求更好。求不坏是什么呢？就是说你的文章没什么毛病，没有语法错误等。他们的意思，写文章首先要做到求不坏，然后再去求更好。"求更好"就是积极修辞，就是把文章写漂亮。我看到这个以后就突然意识到，我们从小到大受到的写作训练，其实主要在训练后一点——求更好。让你把文章写漂亮，考试的时候作文拿高分。求不坏的训练也有，直到高考都还有改病句的题目。但我觉得似乎没有很好地跟写作结合起来。

我看过叶圣陶的另外一篇文章，观点类似。他说写文章写出个人的风格来其实不难，因为每个人都有自己的个性，只要你的笔是顺的，你写文章的过程中，天性自然流露，自己的风格就出来了。难的是什么？他说真正难的是：写出没毛病的文章。我当时觉得他是不是搞颠倒了：没毛病是初级的要求，有风格才是高级的要求。但是叶圣陶却说，写出没毛病的文章，比写出有风格的文章还要难。当然，风格有差异。你看老舍的作品，一看就是老舍的，下笔那个生动，那个幽默。老舍文字的那种灵动，写出来的人物活灵活现，真不是一般人。你看沈从文的文字，《边城》《从文自传》，湘西的山水气息迎面扑来。大师们的个人风格都很突出、很厉害。但是，大师们首先有一点，就是他们的文字没毛病，这个其实并不容易做得好。

消极修辞的原则

怎么求不坏？关于消极修辞，《国文百八课》里讲了这样一些原则。首先是"消除语法错误"。他们把语法跟修辞分开，词与词、句与句的连接有没有错误，是语法问题，而用语是否适当、完整、严密、有力，能否充分表达出内容，是修辞问题。语法错误的问题，我们后面举例子说。

他们认为消极修辞至少要做到：（1）"意义明确"。（2）"伦次清楚"，就是层次清楚、"顺序清楚"，不逻辑缠绕、不颠三倒四。（3）"词语平匀"，不要用怪词，不要生造词。我看博士论文的时候发现，学生做研究到一定程度时会喜欢生造词。那些词电脑输入法打不出来，同行们也没用过。比如，有一次看到学生论文的题目用了"规治"，是三点水的"治"。"规制"，利刀旁的制，这个也是公法学发展中造出来的词，但大家都接受了，约定俗成了。那为什么要用"规治"呢？我觉得，这种生造词，跟做研究的时候，有一些自己的新理解、新认识有关，觉得这个意思，既有的词汇、术语表达不了。这不是不可以，但是，应该是极例外的情况。而且，如果你要用一个新词，是要承担论证负担的，论证为什么要用这么怪的新词。比如，为了

修辞与积累

翻译德文特殊的 Verfassungsrecht，我们用一个词"宪法法"。这简直不是人话，不是汉语，对吧？但没办法，用别的都不合适。曾韬用"实质宪法"，意思没问题，但我们讨论之后觉得还是丧失了一些信息。不管你用"宪法法"还是"实质宪法"，你都得说明为什么要用这个术语。如果学界最终接受了，约定俗成了，才不是生造词。其实我们写作难免会用到一些自己都觉得陌生的表达，这个时候，你可以在网上搜一下，看看有没有这个表达。如果没有，用起来就比较麻烦。检索一下，还能帮你改正一些可能习焉不察的错误。我们每个人都可能写错字，读错音。要特别小心。举个例子，有一次，有位校长讲话的时候把"赓续"说成了"脊续"，不知道是秘书写错了，还是校长读错了。这些年大学校长说错别字的例子好像不少。当时有点舆情。其实错了就错了，也没什么大不了的。谁敢说自己所有的字都认得，所有词都知道，每个字都能读对音？王力敢说吗？吕叔湘敢说吗？我猜他们也不敢这么说。还有（4）"安排稳密"。这个词有点抽象，大概是说文字要调和，词句之间不要冲突、重复、缺漏。这就接近后面说的"积极修辞"了。总之，《国文百八课》这本书推荐给大家。尽管当年两位大家是编了给中学生看的，我觉得我自己看了也很有收获。

消极修辞的例子

吕叔湘、朱德熙:《语法修辞讲话》

- 逻辑问题:自相矛盾、因果无据、主客倒置、层次不清……
- 修辞错误:
  费解
  歧义
  堆砌
  重复
  繁冗
  苟简

(一)《语法修辞讲话》中的例子

再跟大家推荐一本书:吕叔湘和朱德熙的《语法修辞讲话》。这本书里,作者把语法和修辞分开讲,并且从头至尾都在举错误的例子。我真是佩服这些老先生,他们是怎么收集到那么多有错误的句子的?作为语文专家,他们天天看报纸、看书,一定是有意识地把有错误的句子抄下来,讲课或者编书的时候用上,这种"绣花针"的工夫,让人佩服。

说到这儿,推荐大家日常去看一本杂志,叫《咬文嚼字》。我买过他们历年的合订本。看了以后,会发现我们经常用、经常看到的一些表达,是有错误的。大家不要以为我在给大家讲写作,会很自信,觉得自己写作不会犯语法修辞的错误。不可能的,谁都会有一些习焉不察或者"萝卜快了不洗泥"的错误。有时候很汗颜,发现自己错了这么多年都不自知,有时候又觉得自己不够细致认真。

《语法修辞讲话》举了很多例子说明语法修辞上的错误,我抄一些过来给大家看看。比如,关于"结构混乱",他们概括了下面几种类型:

第一,举棋不定。举棋不定就是把两种都可以的说法混杂在一起。例句:"多年来曾被旧婚姻制度压迫蹂躏下的妇女也觉悟起来"。这个句子怎么改?有两种改法,(1)"多年来曾被旧婚姻制度压迫蹂躏的妇女也觉悟起来";(2)"多年来在旧婚姻制度压迫蹂躏下的妇女也觉悟起来"。这两种说法都是对的,所以例句的错误是把两种说法揉到了一起。再举一个例子:"一号炉在贾正功和工人们共同经过艰苦而英勇的工作,终于恢复起来"。怎么改?要么是"一号炉经过贾正功和工人们共同的艰苦而英勇的工作,终于恢复起来",或者"一号炉在贾正功和工人们共同艰苦而英勇的工作下,终于恢复起来"。我跟大家讲,这种错误特别常见,每个人都会犯。就是自己其实知道怎么写是正确的,但为什么写的时候就错了?原因在于,写作时你的注意力在表达内容,对形式的注意力会减弱。脑子里两种句式都存在,就会不由自主地都写出来。这个改起来其实不难。关键是,内容表达好了,最终要有回头改形式的意识。有学者跟我说,他写文章,最后一个句号落下,连再看一眼这篇文章的心都没有,直接投稿。我说那文字错误怎么办?他说那些问题,编辑会处理。我猜编辑一定不喜欢这样的作者。

第二,藕断丝连。藕断丝连是什么呀?就是一句话已经完成,却把最后一部分用作另一句话的开头。比如"我们向政府提意见是人民的责任"。这个句子中,"我们向政府提意见"是个完整的句子,然后"向政府提意见是人民的责任",这是另一个句子。这就叫作藕断丝连。其实把"我们"去掉就好了,是不是?下一个例句"要出版一本译作是要经过多少人的努力以后,才能与读者见面的。"不难改吧?他们把这种错误叫藕断丝连。

第三,中途易辙。就是一句话说了一半,突然重来一句。例句:"帝国主义者经过几个月的'军事行动',形势是越来越于侵略者不利了。"其实应该是"帝国主义者经过几个月的'军事行动',形势越来越不利了"。就是本该把一个句子说完,刚说了一半又换了一个想法,所以叫中途易辙。

修辞与积累

第四,反客为主。就是把上半句的主语以外的成分用作下半句的主语。例句:"因此,当匪军们偷袭游击队的时候,被游击队反包围,歼灭了无数匪军。"看出来了吧?应该是"当匪军们偷袭游击队的时候,被游击队反包围,歼灭了无数",或者"被歼灭了无数",或者"被歼灭了不计其数"。这个例句的语病就是反客为主。本来是上一句的宾语,结果下一句又把宾语变成了主语。

大家看,难吗?不难,要避免这样的问题,所有人都知道怎么做。你们都是文科专业的研究生了,这有何难。但是每个人在不小心的情况下,都可能写出这样的句子来。

吕叔湘、朱德熙在《语法修辞讲话》里还讲到很多其他的写作问题,比如逻辑问题,包括:自相矛盾、因果无据、主客倒置等。他们还讲了很多修辞上的错误,包括"费解""歧义""堆砌""重复""繁冗",还有跟"繁冗"对应的"苟简"。我真是佩服他们,不厌其烦地收集语言错误,还要归纳分类,这本身就是做学术的典范呀。老先生们做了这么好的工作,我们不去利用他们的成果,是多大的浪费。我不再举这本书的例子了,大家可以自己去看,会有一种回到中小学语文课的感觉。但是,现在应该把思维转换一下,不是让你给别人改病句,而是自己避免写病句。我对语言错误比较多的学生,会建议他们去把这本书里的习题做一遍。有了不犯错的自觉,就不大会犯错了。真的!

(二) 身边的例子

举一些这几天看到的例子。在朋友圈看到一个学术讲座的海报,很吃惊。我把里面的文字放上来。"我国反腐机制的反思与发展""公义让邦国高举,腐败是人民的耻辱""作为××学子,祖国的菁英我们有义务思考未来的反腐法治道路""国家监察委员会如何与现有司法制度整合"。我的天呐,这是错误大全啊。我想,怎么改呢?想了半天,发现改不了,只能重写。

讲座标题是"我国反腐机制的反思与发展",问题在哪里?其实,应该是"对我国反腐机制的反思"。"反腐机制"是"反思"的宾语,所以要加个"对"字。可是,后面的"发展"怎么办?这个标题完全不能用。勉强改,只能改成"我国反腐机制:反思与展望"。下一句,"公义让邦国高举",什么意思?他其实想说的是"邦国高举公义",把被动句改成主动句,好像讲得通。大家要注意,中文写作尽量少用被动句。有人说,其实汉语没有真正的被动式。我们现在用很多被动式,是受了西方语言影响,是"欧化汉语"。下一句"腐败是人民的耻辱",什么意思?腐败怎么能是人民的耻辱呢?真是太莫名其妙了。再看下一句,"作为××学子,祖国的菁英我们有义务思考未来的反腐法治道路"。且不说"祖国的菁英"后面怎么着也得加个逗号,加上之后,就算语法通了,也不是好的表达。下面,"国家监

修辞与积累

察委员会如何与现有司法制度整合",有问题吗?要整合的得是两个相当的东西,对不对?所以应该是,"国家监察制度如何与现有司法制度整合"。制度可以跟制度整合,一个机构和一个制度怎么整合?

这个海报的文案,问题在哪里?我总结,这可能是写作中普遍性的问题:消极修辞没做好,就想做积极修辞;走路还没走好,就想飞;语言表达清楚明白没错误都没做到,就想"拽"。这就免不了露怯了。

再给大家举个例子:"现今中国人的很大忧虑来自道德与法律的紧张关系,或者来自它们之间的张力"。也挺"拽"的,是吧?"忧虑"来自"紧张"。什么意思?把句子简化一下,你就会发现有错误。"很大的忧虑来自……之间的紧张关系",忧虑来自一种紧张关系,这传递什么信息了吗?老老实实说"在当今中国,道德与法律之间存在紧张关系"不就完了?顶多加一句:"这种状况值得忧虑"。也不是啥好的表达,但至少是在好好说话。还有,"……紧张关系,或者……张力"是重复的。为什么?"紧张关系"这个词不是汉语固有的词,是"tension"这个词被翻译成了"紧张关系",还有一种译法就是"张力"。这不是重复吗?我们现在的学术环境里,充满了这种文字,大家难免受此影响,不怪你们。

吕叔湘在《语法修辞讲话》的序言里说,为什么我们要学点语法跟修辞呢?因为现代以来,烂文字太多。古代印一本书不容易,烂文章基本上不太可能被印出来。现代不一样,印刷业发达,什么文字都能发表出来。他这话是1950年代说的。现在都进入自媒体时代了,发表更容易了。于是大家整天泡在烂文字的环境中,久而不闻其臭,慢慢地都不知道什么是好的中文了。现在有个说法叫审美降级。有人说怎么现在的明星都没上个世纪八九十年代的好看呢?有个研究传播学的人说,就是传播途径丰富了。当年的人,要不是美到林青霞、张曼玉那个程度,哪有人拍摄传播?现在拿起手机就能自拍,传播已几乎没有门槛。这是现代传播方式决定的。我觉得这些年,审美降级的领域很多,比如诗歌、书法,等等。文字审美下降,也只是一个方面而已。

(三)学生作业中的例子

下面,我以我的学生交的作业为例子,挑点毛病。首先我能够理解大家。每学期要做那么多presentation,交那么多作业,写完了都没时间再看一遍。有错误没关系,自己能改,以后注意。出了错也别不好意思,每个人都会犯错误,我写作也有错误。

例1:律师分级制度的行为界定

这是A同学论文的小标题。你们猜是什么意思?我看了也没明白,看完内容我才知道,是想说律师分级制度在行政法上应该定性成什么,是行政行为还是别的什么?A同学是把它定位为行政指导吧?大家帮他改的话,怎么改?A同学,你自己也想一想,怎么改?(**学生**:性质得改)对,大家都想到性质了。(**学生**:不要加"制度"两个字。**学生**:作为行政行为的律师分级)作为行政行为?行政指导是行政行为吗?可能会有问题,对吧?

A同学:"改成'律师分级制度的性质界定',或者说'律师分级制度的公法性质'。"

这样改是可以的。或者就直接叫"律师分级制度的法律性质"。然后,论文第一句话就可以说:"从公法的角度或者从行政法的角度来看,律师分级制度是一种行政指导行为"。当然,说制度是个行为,再琢磨还是有问题。所以就把它叫作"律师分级制度的法律定位",然后可以阐述,司法部设置律师分级制度,对律师进行分级管理的这样一个行为是行政指导。这么说就可以了。所以,A同学的这个例子,问题在于什么呢?就是"费解",不好理解。我经常强调,写文章永远要有读者视角。作者对于自己写的东西,当然是懂的,但要从读者角度来想:读者能不能看懂。

> 例2:在该案中,教育部、发改委联合发文的初衷是矫正高考分省定额制招生所存在之弊端,并做出相应的调整。然而,其侵犯了名额输出省

份的受益群体的利益，所以在该通知做出之后，遭受到了当地民众的抵抗。

第二个例子是B同学的论文片段。大家看，"在该案中，教育部、发改委联合发文的初衷是矫正高考分省定额制招生所存在之弊端，并做出相应的调整。"先改这一句。"矫正弊端"就可以了，后面"并作出调整"干嘛用呢？"矫正"就是指已经做了，你再"并作出调整"，这就是重复，对吧？还有，"之"字太扎眼了。另外，这句话还可以往下删字，不影响句子的意思。大家看，前面说"教育部、发改委联合发文的初衷"，这里面可以删好几个字。（**学生**：联合发文）对，"联合发文"就不要了，只要"教育部、发改委的初衷"，对吧？因为前面已经交代这个事情了。下一句，"然而，其侵犯了名额输出省份的受益群体的利益，所以在该通知做出之后，遭受到了当地民众的抵抗。"（**学生**：遭到了；**学生**：遭受到了；**学生**：所以在该通知做出之后）"所以在该通知做出之后"都不要，就说"因此遭到了"。还有前面的"其"字也别扭。"其"指的是什么呢？改成"然而，由于侵犯了……所以遭到了当地民众的……"，是不是？还可以改的地方是，"其侵犯了名额输出省份的受益群体的利益"，一句话出现了两个"益"。这时，你就要想一想，这么近的距离出现了两个"益"，既是"受益群体"又是"利益"，这里面有没有重复呀？直接用"由于侵犯了名额输出省份的考生的利益"怎么样？这个地方的问题是"受益群体"太过抽象、模糊，直接用"考生的利益"就可以了。还有最后一个词"抵抗"。（**学生**：抵制）对，"抵制"。我给大家重新念一遍："在该案中，教育部、发改委的初衷是矫正高考分省定额招生的弊端，然而，由于这种做法侵犯了名额输出省份的考生的利益，所以遭到了当地民众的抵制。"是不是通顺了很多？

> 例3：这是一个网络警察进入私人社交空间进行检查的案件，公权力为了预防犯罪、维护社会秩序，主动对公民的通信内容进行监视，虽然目的可能是好的，但此种行为方式必然会引发对宪法保护的公民通信自由与通信秘密权的讨论。

第三个例子是 C 同学的论文片段。这段话要表达的意思大家都明白，但是问题不少。首先，"一逗到底"。第一个逗号应该改成句号。"公权力为了预防犯罪，维护社会秩序，主动对公民的通信内容进行监视"没什么问题。其次，"虽然目的可能是好的，但……"。我们会发现这里面的连接词太复杂了。而且"虽然目的可能是好的"的表达太过口语化。这个地方怎么改好呢？这句话可以直接写成"目的显然是正当的"或者"动机是好的"。后面怎么改？说"但此种行为必然会引发对宪法保护的公民通信自由和通信秘密权的讨论",感觉就是前面的话说了半截儿又缩回去了。其实直接说"虽然目的是正当的,但此种行为有侵犯宪法保护的公民通信自由和通信秘密的嫌疑",就可以了。改完以后是这样:"公权力为了预防犯罪,维护社会秩序,主动对公民的通信内容进行监视,目的显然是正当的,但此种行为方式却有侵犯公民通信自由和通信秘密的危险"。这样就简洁多了。

> 例4:蒙面罩袍,具体包括罩袍与面纱,学术上较少讨论罩袍和面纱的定义,有观点认为:"罩袍(英语:Burqa、burka、burqua,阿拉伯语:……),也有音译作波卡、布嘎或布尔卡,是阿拉伯国家及一些伊斯兰国家里女性的传统服饰。

第四个例子是D同学的论文片段,里面错误不少。首先,第二个逗号应该改成句号。其次,"蒙面罩袍,具体包括罩袍与面纱",这个表述也不好。(**学生**:"具体"删除)就说"蒙面罩袍包括面纱与罩袍两部分",或者说"蒙面罩袍指面纱与罩袍"。我也不知道到底哪个准确,反正现在这个表述不好,对吧?你看,你前面说"学术上较少讨论罩袍和面纱的定义",可是下面写的全都是面纱和罩袍的定义,这就是"自相矛盾"。当然你括注外文是对的,是有必要的。然后,"是阿拉伯国家及一些伊斯兰国家里女性的传统服饰。"这句话有问题了,阿拉伯国家和伊斯兰国家是什么关系?两个概念是有交叉的。怎么改呢?"是一些伊斯兰国家,特别是阿拉伯国家女性的传统服饰",这样就准确了。

例5:同性恋和异性恋在性向方面的确是存在差别的,但是在本质上讲同性恋和异性恋都是人,都享有平等权这一自然权利,是与生俱来的,不能因为性向的不同而剥夺一部分人的平等权。并且我们对宪法上平等权的看法重点在于:强调平等对立法机关和行政司法机关的拘束力,认为平等的基本含义是要求国家机关在处理问题时遵循同样情况相同对待,不同情况差别对待的要求,平等具有相对性,强调平等是政府的责任,服从法律,不得任意区别对待,作出差别对待时应当有合理的基础。

第五个例子是 E 同学的论文片段。这段话特别长,最大的问题是绕,就是有多个逻辑。"同性恋和异性恋在性向方面的确是存在差别的,但是在本质上讲同性恋和异性恋都是人,都享有平等权这一自然权利,是与生俱来的,不能因为性向的不同而剥夺一部分人的平等权。"首先,第一个逗号要改成句号。下面一句,"但是在本质上讲同性恋和异性恋都是人",这里面有个多余的词。你可以讲"但是同性恋异性恋都是人",但是你加个"本质上"就有问题了。"本质上"的前提是什么?形式上怎么样,再说本质上,对不对?咬文嚼字的时候就是会发现这种问题。"都享有平等权这一自然权利,是与生俱来的"这句话的问题是什么?"自然权利"和"与生俱来的"是重复的。"不能因为性向的不同而剥夺一部分人的平等权",前一句刚说平等权,这里又说平等权,明显重复了。写作的时候,容易把想说的话都写在里头,把各种东西揉在一起,但是打得七零八碎、弄得颠三倒四的。大家一定都有能力把它改好,但要下点功夫。

> 例6:首先,从购房主体资格的限制上讲,这与我国户籍制度是挂钩的。我国当前户籍获取方式主要是因出生而取得,户籍带有很大的家庭出身,"限购令"将特殊的限购和户籍制度联系在一起,具有当地户籍的公民将置于房地产市场交易的主体优越地位。

第六个例子是F同学的文章片段。"首先,从购房主体资格的限制上讲,这与我国户籍制度是挂钩的",这句话太复杂了。其实改文章最简单的方法就是删。你会发现,删掉一些东西之后意思就清楚了。可以这样写,"首先,购房主体资格的限制是与我国户籍制度挂钩的",或者说"首先,对购房主体资格的限制,是基于我国的户籍制度"。删掉一些字,意思反而清楚了。"我国当前户籍获取方式主要是因出生而取得"这句话,前面已经有"获取方式",后面又出现了"而取得",这就重复了。怎么改?"在我国,户籍主要是因出生而取得",这样改意思就明白了。"户籍带有很大的家庭出身",这是没有想清楚就下笔的结果。"'限购令'将特殊的限购和户籍制度联系在一起,具有当地户籍的公民将置于房地产市场交易的主体优越地位。"这个地方肯定不该用"将置于",而是"将处于"。这些毛病我能改出来,大家也都能改出来。

> 例7:原告"北雁云依"出生于2009年1月25日,其父亲吕某和母亲张某因酷爱诗词歌赋和中国传统文化,二人决定给爱女起名为"北雁云依",取自四首著名的中国古典诗词,寓意父母对女儿的美好祝愿。

第七个例子是 G 同学的论文片段。首先,在一个句子里"北雁云依"出现了两次。"原告"和"爱女"是指同一个人,所以这句话重复的太多。怎么改?我会改成"原告的父亲吕某和母亲张某因酷爱诗词歌赋和中国传统文化"。不过"酷爱诗词歌赋"和"中国传统文化"有交叉关系。其实我建议不要写"中国传统文化","因酷爱中国传统诗词"就行了,不要"二人"了,就写"决定给爱女起名为'北雁云依'"。至于出生年月怎么交代可以另说。反正我觉得一句话里出现两遍"北雁云依",不好,到这个地方应该有句号。下面"取自"怎么办呢?可以写"这个名字取自四首著名的中国古典诗词"。这就是交代、衔接。大家要敢于多用"这个""这些""这种""这一"等词汇,这是我们形容的时候经常要交代的东西,要不然上下文的逻辑就不清楚。但用多了也不合适,我经常写完了以后删这些字。就是写的时候尽量交代清楚,但写完之后再念,如果字多,就删除或者调整。还有"取自四首著名的中国古典诗词,寓意父母对女儿的美好祝愿"。这句话也有错误。"寓意"后面应该就是寓意什么吧?就是"寄托了父母对女儿的美好祝愿"。

> 例8:但是透过对该规定第二章许可的有关条文检视,不难发现该规定有严重侵犯公民基本权利之虞。

第八个例子是H同学的论文片段。H同学去我国台湾地区访学过,看台湾地区的文献多,受到了一些影响。"透过"这个词,应该是"通过"。"检视",我们一般也不用。还有"之虞"。问题不大,但可以注意。另外,有留学经历的学者,写作容易受到外语的影响。诗人余光中对此痛心疾首,大家可以找他关于"欧化汉语"的文章看看。

> 例9:但是,当立法缺陷和司法混乱纠集在一起,其导致的结果是,既无法正当、合理地保护公民或者法人的名誉权,也无法充分地尊重言论自由、学术自由等基本权利,其结果就是制度的不完善导致基本权利效力削减。

第九个例子是I同学论文的片段。"但是,当立法缺陷和司法混乱纠集在一起",这句话本身就挺混乱的。"立法缺陷"是什么?什么叫"司法混乱"?这就不是大家通常能理解的词汇了。然后又"纠集"在一起。"纠集"是什么意思?"我们纠集了一伙人去打架",对吧?所以"纠集"这个词用得也不对。你可以用"纠缠""纠结",但改了之后,这句话还是不好,得重新组织。说"其导致的"这个"其"就多余了,因为前面已经有主语了,再来一个"其"字就没必要了。"导致的结果是,既无法正当、合理地保护公民或者法人的名誉权,也无法充分地尊重言论自由、学术自由等基本权利,其结果就是",你看,已经有"导致的结果"又来个"其结果","结果的结果"如何?"其结果就是制度的不完善导致基本权利效力削减",又来一个"导致",有种套来套去的感觉。这样分析清楚了就不难改。

例10：首先，作者对于这两篇文章经过各种资料的查证，写作过程应被认为是历经艰辛的，付出了很多的努力，如果仅仅因为文章对"狼牙山五壮士"的英雄事迹提出质疑就认为其贬损、丑化了英雄烈士的形象，从而限制其行使权利，对于权利主体的积极性打击很大，而且未免让社会公众产生一种更对此类行为敏感的态度，不利于言论的自由传播和学术的自由发展。

第十个例子是J同学的论文片段。"首先，作者对于这两篇文章经过各种资料的查证，写作过程应被认为是历经艰辛的，付出了很多的努力"，"历尽艰辛"了，就别再"付出很多的努力"了，不必重复。"如果仅仅因为文章对'狼牙山五壮士'的英雄事迹提出质疑就认为其贬损、丑化了英雄烈士的形象，从而限制其行使权利，对于权利主体的积极性打击很大，而且未免让社会公众产生一种更对此类行为敏感的态度，不利于言论的自由传播和学术的自由发展。"意思特别含混。我们大概知道这句话想表达什么，但是好像都没说明白。像这种句子就得整个重新写。

上面提到的这些问题，都是因为大家只是把自己脑子里的想法记录下来，还没有到琢磨文字这个层面。其实都不是大问题。

在论文写作中，所有人的文字都可能有问题，包括我自己的。比如说，我在很长时间里都以为，带书名号的两个书名并列的时候，两个书名之间要加顿号。我很多年来都以为那个顿号是要加的，后来才知道是不需要加的。还有，我特别喜欢用"是……的"句式，后来我的学生给我指出来了。所以，谁都有盲区，谁都有注意不到的地方。被提醒了，或者自己注意到了，改正就好。

积极修辞：修行在个人

讲修辞，核心是大家先做好消极修辞，让文章没有错误。其实，对于学术论文的评价，不大会关系到积极修辞。评价学术论文的标准，不大会是文采。一篇学术论文看完，大家会说这篇文章有学术价值，论述特别细腻、论证特别扎实、资料特别详实、结论特别可靠。一篇学术论文，如果别人看完以后说"你文笔挺好的"，我觉得那不是什么好话。前两天我看到一篇文章，提到某话剧演完以后，领导的评价是演员口齿挺清楚的。说明什么？说明领导对话剧不满意。一幅书法，评价说这纸真好，这基本就是骂人了。《天龙八部》里有个细节。段誉到了参合庄，王夫人请他看她的茶花，问种得如何。段誉说，你这个台阶真漂亮，汉白玉栏杆真好。王夫人就明白了,对不对?前面说过,修辞主要是讲消极修辞。那么积极修辞讲什么呢?积极修辞,是求更好。那怎么才能"更好"呢?

《国文百八课》里讲了积极修辞的六大原则:"调和""具体""增义"和"奇警""朦胧""减义"。前三个和后三个是对立的。我觉得,"朦胧""减义"基本是文学写作的修辞。

"**调和**",就是各种和谐。首先让文字和谐。打个比方说,有人形容李叔同的书法"如一堂君子",就是每个人都各有面貌,但是一堂君子,非常和谐地在一起。我觉得这个比方很好,好文章也是这样的,就是内容非常和谐。好文章读起来就是这种感觉:一篇文章读完了以后,你对文字没感觉,而是被它的内容、思想所吸引。这个时候,这篇文章就是好文章。文字好,阅读时你会把文字忘掉,而专注于内容。不好的文章,可能里面的思想、精神、论证都很好,但是读着会突然觉得这词用得好别扭,这个表达好奇怪。这就是文字不好。好比你吃饭的时候有石头一样。好文字是让人没感觉的,特别是对非文学性的作品而言。论文写作不要去追求让别人评价文笔好。最好的状态是什么呢?你的文章写完了以后,人家读了好多遍,觉得你的内容好棒。然后把你的文章咀嚼过很多遍,所有的好处都体会了,最后说,这文章文笔还不错。

"**具体**",就是如果内容不好理解,就往具体了写。就刚才举的例子来说,"受益群体的利益"就不好理解,改成"考生的利益",一看就明白。当然,大家想想也明白,受益群体应该包括考生、考生的家长这些人,对不对?但是考生家长的利益其实是间接的,所以直接点明"考生的利益"。这就是"具体"。按照王国维的说法,他讲到诗词的好和坏,叫"隔"与"不隔"。其中的道理类似。大家可以去看看《人间词话》。不要以为他只是在讲文学,看完了对写作学术论文一样是有帮助的。要多读书。

"**增义**"是什么呢?《国文百八课》里举了一个例子,"他要回家去看他的母亲"。作者说这句话本身表达的含义很清楚,但是从修辞的角度来讲,还有一个表达"他要回家去看他风烛残年的母亲"。作者说"风烛残年"这四个字就会增加很多的意思在里面。当然,这是从增加文学性的角度来讲。如果从学术论文写作的角度来讲,还是应该用最简省的文字表达最多的信息。有些文章写得挺好的,但是看起来总感觉水分很大。每个意思都说了,所有的意思都在,但是要是能把水分再挤一挤,更紧凑点儿,就更好了。其实,挤掉水分是一个方面,同时它会让表达的内容更密实,会增加这个文章的肌理感、质量感。推荐一本书:《诗的八堂课》。里面有一部分专门讲"诗的肌理",就是讲要肌理瓷实。你去看一块大理石的质量感,和一块塑料的质量感就不一样。

"**奇警**"是什么呢?文章首先要写得调和,写得平顺,就像刚才说的"一堂君子",但是这样未免会有点枯燥、有点单调,对吧?所以,在一堂君子之中,如果有一个像王羲之那样坦腹东床的人,就会有别样的美感了。如何"奇警"?就是可以写一些特别的句子,故意而为的奇怪说法。写文章,当你觉得读者可能有点累的时候,用一些"警句"、节奏的变化,来刺激一下读者,让他们有兴致继续看下去。奇警的句子一定不是长句。有的时候要用短句,特别是在冗长的论证中突然来一些短句,或者在很长的段落中间突然来一些小段落,就可以起到这种奇警的效果。当然,别太多。要不然,一惊一乍的,适得其反。

"朦胧"是什么呢?就是有些话不好说得太具体,你把它说含糊了,反而是明白的,说清楚了反而不好。这本书里面举的例子是,比如说你要说一些不好的事情,要描述一些不可描述的东西,这个时候就要用朦胧的语言。语言学上也有定论:有时候模糊才是准确的,而讲具体了反而不准确了。

"减义"是跟"增义"相对的。有的时候,如果文章写得太重了,太累人,看着好累。这个时候,要把它简化,让文句轻快起来,让内容轻快起来。

积极修辞,我觉得,只能这样大概讲讲,修行在个人。

如何提升积极修辞的能力

怎么去提升积极修辞的能力呢?本书一开始就引用了欧阳修的一段话,办法就是"勤读书而多为之"。欧阳修的这段话,是我从陈平原老师的文章里抄来的。陈平原老师说:"语文是你这一辈子的根本"。就是说你一辈子的成就取决于你的语文水平。理工科的人可能说一辈子的成就取决于数学水平。我的小学语文老师跟我们讲,数学水平取决于语文水平。我后来觉得有道理。哲学地讲,一切都是语言的游戏,所以你对语言的体悟力,可能是决定性的。电影《奥本海默》里,奥本海默跟玻尔说自己数学不好,玻尔说:"数学就像乐谱,重要的不是你能不能看懂乐谱,而是你能不能听到音乐"。

欧阳修说:"无它术,唯勤读书而多为之,自工。"只有多读书,多写,才有可能提高。欧阳修还说:"世人患作文字少,又懒读书,每一篇出,即求过人,如此少有至者。疵病不必待人指摘,多作自能见之。"说得非常详尽了。我再"狗尾续貂"补充几点:

(1) 多读无用之书

要多读无用之书。也可以理解为非法律的书。如果你想通过读法学的论文、著作学写作,可能会失望。说实话,从写作水平看，我觉得当下的法学总体上是差一点的。多看别的学科的书，能学到好东西。这都是通的。我推荐多读历史学的书，我的感觉，总体上文章写得最好的学科是历史学，纯个人感觉。总之，多读无用之书，有用。

（2）要有"文体"意识

什么叫"文体"意识？很难用文字表达清楚，而且它不是文章体裁那个意义。我想说的是，大家要有一种自觉：你是在乎文章本身的，是要把文章写好的。写学术论文首先在于表达学术观点、进行学术论证，其次在于是在写文章。在把自己的学术观点说清楚之外，要精心谋划文章本身，要把文章当回事。

（3）做好日常积累

学术和写作的日常积累，我后面还要借用桐城派的"积辞"来讲，这里先简单说两句。修辞能力是可以通过积累来提升的。最简单的办法，就是把阅读中看到的好的表达记下来。没事翻翻看看，说不定什么时候自己就能用上。但这个办法比较初级。有的时候，文章的好不在某个句子，不在某段话，而是它整个好，要自己去体会。过去有人论诗歌，说有的诗人是"有名句无名篇"；也有反过来的，一首诗读来特别好，却摘不出哪一句好。有个说法："汉魏古诗，气象混沌，未可寻枝摘叶"，比如《古诗十九首》。这种精髓就不是靠去摘抄能够 get 到的。积累工作不好做，可以把字词的积累，观点、思想的积累，结合来做。

怎么改文章

1. 争取一次写好

改文章很费劲，要争取一次写好。有个同学曾提问："如何寥寥数语把一个问题讲清楚？说理论证的时候，问题和结论就摆在那里，可是如何安排句子和句子间的逻辑呢？怎样的逻辑能把问题说清楚呢？"这个问题提得特别好，怎么操作呢？其实在前面讲论文写作的具体操作时，我基本已经讲了。这里换一个角度再说明一下。

首先是把自己的想法记录下来。我觉得除非是天才并且极有经验，否则很难做到表达观点和组织文字的同步。先把观点记录下来，然后"换一个脑子"再云组织文字。你就当自己是翻译，先把意思落在纸上，然后再把它"翻译"成好的中文。意思是模糊、散乱、缠绕、矛盾的，但"翻译"为文字时，就要理清楚、说明白。有的人的经验，说"文章是改出来的"，所以想到哪写到哪，最后再改。我不赞成这样操作，我会把想法要点记录下来，确认自己想到的点没有遗漏，再稳定、细致地形成文字。也就是，一次性写好。几百字的观点记录，好梳理成文；几万字的文章乱麻，理不清。

要注意，文章有大逻辑，每一部分有小逻辑，每一部分的细节有微逻辑,一定要重视逻辑。法学论文写作应该强调清晰、清晰、清晰。清晰就是靠逻辑,只要写作者的逻辑从头至尾是通的,文章一定是清晰的。"文从字顺",全从逻辑中来。曾国藩给人看相有几句口诀(都是封建迷信哈),最后两句是"若要看条理,全在语言中"。我觉得这话很有道理。他的意思是,你跟一个人聊天,聊一会儿就知道这人有没有做事的能力。一个人来跟你说事儿,颠三倒四,半天说不清楚,你指望他做事有条理,那是不可能的。写文章的本领和做事的本领可能也没有太大区别。一个脑子清楚的人,写文章没问题,做事也没问题。大家训练自己,做什么事情、想什么事情都合逻辑地去做、去想。做学问跟做事本质上也没区别。"文章不与政事同""文章憎命达",那说的是另外的事。

2. "锤炼字句"

改文章必然要"锤炼字句"。我找了几句话:

> 观古今於须臾,抚四海於一瞬。然后选义按部,考辞就班。
>
> ——陆机

"观古今於须臾,抚四海於一瞬",说的是什么?是收集材料、形成观点。然后"选义按部,考辞就班",就是按部就班地把你的思想、论据表达出来。这是陆机的《文赋》

修辞与积累

里面讲的。陆机写《文赋》的时候,是骈文为正宗的时代。骈文对于形式要求极高,要对仗、对偶。骈文的时代,按照陆机的写法,是今天想到一句,可能过了五天才把下一句对出来。一句句写出来,放在一起,最后一句句拼出文章来。这种文章对锤炼文字的要求太高了。所以,为什么说王勃厉害,他的《滕王阁序》是骈文,确实没有打草稿,一蹴而就的。别人准备了好久的文章,都被他压得不敢拿出来了。

> 两句三年得,一吟双泪流。
>
> ——贾岛
>
> 吟安一个字,捻断数茎须。
>
> ——卢延让

贾岛是苦吟派。这一派不是以才华取胜,而是以认真取胜。"推敲"的典故,大家都知道的。到底是"僧推月下门"还是"僧敲月下门"好?

《诗的八堂课》里面说,我国的诗人自古以来有两种,一种是赌徒式的诗人,一种是棋手式的诗人。大家觉得李白是哪个类型?赌徒。杜甫是哪个类型?棋手。他说人和人的天分不一样:李白、苏东坡这样的人天赋太高,高到了他可以什么规矩都不讲。宇文所安《盛唐诗》里说,李白的诗充满了陈词滥调,充满了不合规矩的句子,但是李白却是最伟大的诗人。比如"云想衣裳花想容,春风拂槛露华浓"。宇文所安说,还有什么比把美人比作花更陈词滥调的?然而,为什么李白写出来就这么伟大呢?这就是天才。没办法。再烂的东西,再俗的东西,到了他的笔下就不得了了。《诗的八堂课》里也讲了几个例子。比如,福楼拜是现代小说的开山鼻祖。按照钱钟书的说法,是西方文学中顶尖的高手。但是福楼拜特别痛苦地说,为什么别人写东西那么轻松,我写东西这么累?他怎么说呢?他说,"还有什么比拉伯雷、塞万提斯、莫里哀、雨果的作品架构得更差劲的东西呢?""然而,那是怎样骤然打来的拳头,单单一个词就有怎样强大的力量。我们必须把许多小石头一个一个垒成自己的金字塔,这些金字塔也顶不了他们的百分之一,而他们的金字塔却是用整块的石头建构的。"他的意思就是说,这些人才华太高,你从行家的角度来说,他都是在胡写,可是就是非常好。书里还举苏东坡作例子。苏东坡这个人做任何事情都不十分认真,"着力便差"。苏东坡的诗也是随便写写就行。他举了个例子,苏东坡有一首著名的论诗的诗,就是《读孟郊诗二首》。苏东坡特别不喜欢孟郊的诗,因为孟郊是苦吟派。"郊寒岛瘦",孟郊是和贾岛并称的。苏东坡这么高才华的人,怎么看得上哼哼唧唧在那儿费劲的人呢?诗中有两句,"要当斗僧清,未足当韩豪"。说的是贾岛跟韩愈,但这两句诗里接连用了两个"当"。还有两句,"饥肠自鸣唤,空壁转饥鼠",用了两个饥饿的"饥"。这种重复,改起来非常容易,两个字随便改一个就完了。可是他就是不改。这种人天赋太高,写完了就扔一边去了,没耐心慢慢推敲。大家知道很多诗是好好改出来的。比如我们都知道的那个典故:"春风又绿江南岸"。这里的"绿"字是反复换字之后才定下来的。

问题在于,写学术论文有没有像李白、苏东坡这样一挥而就的天才?我觉得,需要做注释、细密论证的学术文章,天才们是不耐烦写的。说回法学,有人跟我说过,这门学问适合中上资质的人。天赋太高的人,法学圈不住。所以,遇上天资很好或者至少自视很高而又瞧不上法学的,我就说,您去玩别的吧,别耽误了您。您那么厉害,若是困在法学里,万一一不小心成了法学家,对法学也不好。这不是嘲讽。就我自己求学以来所见,本人就属资质平平。大家要有这个自信。

扯远了,核心的意思是,踏踏实实以一个匠人的心态,像"苦吟派"那样锤炼文字,把自己的文章夯实磨光。

3. 舍得删削

写文章要舍得删。前面已经举了很多例子,只要肯删,文字就变好了。而且大家现在不用担心把好东西删掉。现在用电脑,舍不得删的时候另建一个文档,在另一个文档里删。好东西还在那里,说不定另外一篇文章就用上了。所以别不舍得删。

4. 大声念出来

还有最后一个方法：大声念出来，至少是念出声。我的论文，投稿出去之前，我都会念一遍。有时候，长文章要念一天。念完了，文章就会被改得满纸花。但这种修改，不会动基本结构，就是改文字。王小波有个说法，"文字是无声的音乐，不好听的文字不是好文字"。有人说，建筑也是无声的音乐。有人专门用乐理去描述故宫三大殿之间的节奏。所有的艺术到最后都是通的。王小波在《我的师承》里面提到，有位意大利朋友说，卡尔维诺的小说读起来极为悦耳，像一串清脆的珠子洒落于地；米兰·昆德拉说，小说应该像音乐。我既不懂法文，也不懂意大利文，但我能够听到小说的韵律。所以，大家改文章的时候，可以试着读出来。你觉得读着拗口的地方，可能逻辑就不顺；你觉得一口气读不完的时候，句子也许就应该打断，分成几个短句。以我的经验，最后改文章的时候把文章念出来，可以大大提升文字质量和文采。不要怕费时，你把文字改好了，发表就容易了。编辑最讨厌的就是文字有太多毛病的文章。文字不好，编辑一想："采用的话还得给他改文字，算了吧"。相反，文章内容差一点，但是文字好，编辑可能会愿意给你送评审，根据专家意见再补充内容。要做"读者友好型"的作者，第一个读者就是编辑呀。

修辞与积累

学术的日常积累
———— // ————

下面要讲的是关于法学研究和写作的日常积累的问题。关于这个问题,我有这么几点想法可以和大家分享:

第一,要读书,读书永远没有错!我推荐大家读严耕望先生的《治史三书》。这本书是做学问的好指导,不限于做历史学。他强调,做学问不能只抱着一个题目找材料,而是要把握学科的全局。只是抱着一个题目,找出来的东西就容易脱离整个学科的背景,容易说错话。转化到读书,就是不能只为写论文去读,而是要有日常工夫,用日常阅读、点滴积累去把握学科全局,乃至旁及其他学科。千万不能因为有一个题目要写论文,才到知网上、去图书馆搜材料。表面上,研究做了、论文写了,但由于缺乏整个学科的视野和背景,可能过分强调了这个题目的重要性,而与整个学科体系缺乏融贯。写论文当然要聚焦,因此也就难免有偏颇之弊,所以要反复提醒自己,注意观照全局。

刚开始做研究,肯定要"小题大做",盯着一个题目往深了挖。但这必然会导致在一个阶段里视野狭窄。所以,我有一个主张,硕士读完如果继续读博士,博士论文最好换一个领域,至少要跟硕士论文题目有比较远的距离。如果博士论文是接着硕士论文的题目继续往下写,视野可能就会被限制住。对于去国外留学读博士的同学,我都会给个建议,别去了就是做一篇博士论文,而是要把本专业的课都去听了,本专业各领域的基本的书都读了,再选题写论文。你在学科范围内,面拓展得越宽,积累得越深厚,在专业领域内才能深入得下去。此即所谓"致广大而极精微"。

一个学者,确实可以一辈子在一个很小的题目下做到极精深。这种坐冷板凳的工夫,值得赞美。但是,也不妨在一个题目已经能做到 90 分的时候,转去研究其他问题,从 0 分再做到 90 分。当然,继续深耕,做到 95 分、98 分也行。100 分?学无止境,没有那个可能。但是,不管是拓展新领域,还是深耕旧田地,都是需要广博的背景的。所以要读书。就我自己而言,我大概会规划,用五年左右的时间专注于一个领域,出一本说得过去的书,然后转去一个新的领域再做四五年。一辈子能做五六个领域,有几本说得过去的书,就可以了。我最早研究基本权利,后来研究方法论、宪法与部门法,这些领域的关联性都比较强,我也一直在做。但研究国家机构教义学、功能主义的国家权力配置原理,是强迫自己开拓新研究领域。这是我的规划,希望对大家有点启发。

第二,掌握学科的基本知识脉络。怎么把握一个学科的基本知识脉络,在前面"具体操作"部分讲资料梳理时讲过一点。教科书当然是首要的。好的教科书应该覆盖这个学科的所有领域,并提供通说。掌握了教科书的框架,遇到各种问题,应该都能对应到学科知识体系的各个部分。我本科的班主任赫兴旺老师跟我们讲过一段话,我至今都印象深刻。他说,怎么知道你把某个学科初步学懂了,怎么知道你入门了?试试看,不拿任何书,拿一张纸,看看能不能画一个学科知识体系图。如果你能够自己画一个知识体系图出来,就算入门了。任何一个问题提出来,能在这个知识体系里给它找到一个位置,就算入门了。任何学术研究的积累,一定会有总体框架的问题。每个人都有自己比较专长的领域,也有自己不熟悉的领域,但是不能允许对自己的学科有完全不知道的领域。现在很多学科都在编写"评注",这对于掌握脉络和积累学术,意义很大。

第三,对文献的"观其大略"。学术积累的过程中有一个难免的问题:论文和著作太多怎么办?看不过来怎么办?这时候,要懂得"观其大略"。拿来一本书、一篇文章,要能够迅速地去掌握它的问题意识、主要内容、主要结论,而不是去把握其中所有的细节。

一篇好论文是要看很多遍的。初看只需要观其大略,到着手做相关研究的时候,再一句一句地细看。但是,大家要具备观其大略、掌握论述的大体内容的能力。我们要保持对自己专业领域的长期关注,但是这种关注不需要特别深入。

与"观其大略"对应的是精读。求学阶段,是要精读本专业的经典文献的。以前有个台湾地区的教授来做讲座，有个同学问了一个大家都想问，但不好意思问的问题："如何迅速提升自己的专业能力"。那位教授说，找你的专业领域的十个最著名的学者，每个人至少有十篇支撑其学术地位的论文。把这一百篇论文花半年到一年时间吃透，基本上这个专业的最高水平就摸到了。我觉得这是个好办法。

读文献的时候，我相信大家一定会有这种体验：有的书和论文实在看不下去，真的很认真地花时间读了，就是看不下去。怎么办？不要紧，观其大略。我的经验，有些十几二十年前翻过但看不下去、看不懂的书，突然有一天就能看懂了。怎么回事呢？就是这本书之前看过，没感觉，只有一个模糊的印象。二十年后，当你研究一个新问题的时候，想起来这本书，翻出来一看，竟然都能看懂，而且觉得对你的新研究特别有用。为什么？难道二十年之后智力进步了？不是的。是因为二十年前，你不理解别人的问题意识，而二十年后你要研究这个问题的时候，你有自己的问题意识，所以就能看懂了。这个时候，多年前"观其大略"的文献，就突然有用了。所以，日常看文献，日常观大略，是个好习惯。

第四，"不动笔墨不读书"。读书要做好笔记，做笔记可以分为三个层次：第一个层次叫"翻书账"。什么叫"翻书账"？同学们也已经看了不少书了，应该都会有这样的经验：看完一本书好像挺有收获，过两天却什么也想不起来。

修辞与积累

就会觉得自己没有积累，灰心丧气，甚至怀疑自己的智商。其实，看书记不住才是常态，都记得住才奇怪。什么时候你要用这本书了，什么时候你要基于这本书去做研究了，你才能看明白、记得住。这才是学术阅读的常态。

大家可以准备一个厚一点的、质量好的笔记本。每看一本书，都在笔记本上用一页来记录这本书的作者、书名、出版社、出版时间。大家可能会问，这最多就两行，下面这半页干嘛？书里面有好内容，可以摘抄一点；自己关于这本书的概括，可以写几句。在笔记本的最前面，给这些"翻书账"编个目录。过几个月，回顾一下，发现自己还看了这么多本书，会特别有成就感。想不起来书的具体内容时，再翻到那页看看，读到当时记下的几句话，大概就有印象了。这样翻过、看过的书，说不定什么时候它就对你有用，也许半年以后，也许十年以后。

大家都有过这样的感觉，突然想起来以前看过一本书，里面有个内容特别好。但是，既想不起来是什么内容，也想不起来是哪本书，更想不起来去哪里找。我相信每个人都有这种因为没有记录而丧失掉的信息。所以，翻书账一定要做。今天到图书馆去待了一天，十本八本的翻书账就做出来了。这是非常好的日常积累途径。我们法学需要大量地阅读其他学科的研究资料。你能掌握的往往只是自己学科内的东西，别的学科的阅读会更容易被遗忘。做一个这样的翻书账，对自己的长期积累非常有用。

第二个层次就是做笔记，这里说的是做详细笔记。详细笔记要记录什么？如果你觉得某本书、某篇文章特别重要，就需要详细地做笔记，摘抄、思考、评论、链接。总之，把这篇文章、这本书彻彻底底地看明白。现在都电子化了，摘抄变得很容易。但是，摘抄是真正阅读后的事情，不是没过脑子的复制粘贴。

第三个层次就是做卡片。大家也许会觉得这个办法太老土了，电子化的时代，还做什么卡片？但是你可以把它做成电子的，起到方便检索的作用。由于现在电子化程度比较高，我就不去多说传统的卡片怎么做了。

日常积累是基本功。你看过一本书，可能并不知道什么时候会有用。我自己在写作中曾经就有这样的经验。比如，在整理《财产权的社会义务》的文献材料时，读到一个很重要的观点：人类从传统的农业社会到现代社会，发生了生存方式上的转变。传统农业社会的生存方式，每个人都是靠着自己的所有物生存的。一个农民靠自己的土地活着，住的是自己家盖的房子。但是现代社会中，我们每一个人基本上都是靠着社会关系在活着，我靠出卖劳动力给雇主活着。比如我，是靠大学给我发的工资，而不是自己的土地活着。我突然想起本科的时候读过的《万历十五年》。黄仁宇先生讲，李贽去做官的时候，他的家族两百多人跟着他。原因很简单，过去一个家族要想培养出一个读书人，一个能当上官的人，需要耗费这个家族几代人的资源,所以这个人就对整个家族有责任。这是史学角度的观察,但这不正可以用来印证法学上的财产权变迁吗?这本书是我上本科的时候看的,但是这篇文章是前几年写的。我从书架上把这本书找出来,发现我的记忆没错,还可以引用得上。当时我的感慨是,其实我还看过很多书,但大部分都忘掉了。如果当年做了笔记,现在做学问能调动的知识可能还能再多点。

积辞与积义

最后做一个关于写文章的总体概括:义理、考据和辞章。这是清朝的桐城派提出的一个观点,写文章的要素分为义理、考据和辞章:

> 清儒治学,义理、考据、辞章相鼎足,蠲辞章则卒读不忍;舍考据恐架空设言;弃义理终不过承讹袭谬,是以不当偏废。

我们用现在的话解释一下:义理是什么呢?义理是思想、观点。辞章是什么呢?辞章是文章的技巧,包括辞句、辞藻、章法、层次、逻辑等层面。很多人讲过,中国在进入到现代汉语阶段以后，文章技巧其实是衰落了。传统的文章技法是极其高超的，比如钱钟书小时候，他的父亲教他写信：一页信笺，总共就八行，写一封信，事多事少都写八行，就这么讲究。钱钟书说他写文章就是这么练出来的。而考据是指那些知识性的可以作为论据的材料。一个研究者的积累，其实无非就是掌握的考据的复杂程度。

清儒的说法，义理、考据、辞章相鼎足，三足鼎立。如果没有辞章，那么文章就没有词藻、没有章法、没有逻辑，让人看不下去。没有考据，仅有观点，就算加上华丽的词藻，观点也是没有依据的，是说空话，所以就叫作"架空设言"。没有义理，文章不过是"承讹袭谬"；没有观点，可能就是在重复别人以前说的东西。所以说义理、考据、辞章相鼎足。其实想想，现在我们写文章不也是这样吗？必须得有观点，观点要有论据来支持，而最终要有好的形式、好的语言、好的结构来表达出来。基本上，我觉得清儒讲的这几点，对我们现在写文章也是非常有用的。

在这个观点之下，清儒又有一种做学问的方法，叫作积辞与积义。积义就是积累思想观点。有什么想法，有什么观点，可以把它写下来，留存下来，它属于我们在学习专业的过程中要去做的工作。积辞就是要去积累好的辞藻和好的表达方式。中国人特别喜欢讲，"这个人文笔好"，但是说实在的，在我们这种训练之下，"文笔好"往往挺假大空。

修辞与积累

但是什么叫真正的文笔好？首先要"清通",文章写得清楚,通晓明白,这是一个方面；另外一个方面是,词汇的使用非常准确。为此,日常生活中可以做点积辞的工作,怎么做呢？我也是很晚才意识到,后来发现很多人很早就知道了。我们家小朋友说,老师要他们准备一个小本子,平常看到什么好的句子、好的表达要记下来。这种做法特别有用,我重新意识到以后,就在手机里开了一个文档,每天积累看到的一些新的词汇、新的表达以及自己不懂的东西。

举个例子,"蠲"字大家认得吗？我知道它什么意思,但是当我把这个字写到 PPT 里的时候,我知道上课要给学生念,我不会念。查了一下,才知道这个字读 juān,于是我就把自己的文档打开,键入这个字并且注上拼音,从此又多认识一个字。大家不要以为自己汉字已经都认得差不多了,其实不认识的字有很多。我现在阅读,每看到一个表述,觉得有用,就把它复制粘贴到我的这个文档里。每积累满一百条,我就把这个文档拷到电脑里单独保存下来,再另开一个新文档。坚持这样去看东西、去积累,可能很快就会积累到几百几千条。

我基本上每天都在做这个工作。这种工作听起来也许很初级,但在我看来是很管用的。功利一点说,当你在写文章之前,思路什么的都有了,去把自己之前积累下来的这种好辞藻好表述,再翻翻看看,然后开始写文章,你会发现今天写的文章,比不看这些表达时写出来的文章更有文采,你会自然而然地将这些表述融入写作之中。这些经验,都是我在走了很多弯路后总结的。回过头来想想,其实小学老师教的是对的,只不过自己没坚持罢了。积辞与积义,我们都可以做这样的日常积累。

附 录

如何读书与积累[*]

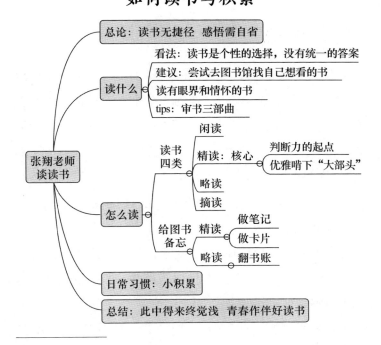

---

[*] 本"附录"是我在2017年秋季应大一同学邀请所做的讲座的内容概要。感谢黄智杰、贺韵锦、周雷力、张育馨同学整理文字、制作思维导图和示例图。收入本书时仅做了个别文字调整。

◉ 读书无捷径，感悟需自省

新生们初入大学，都在读书的问题上感到困惑——本讲座的起因正在于此。但真正的答案主要还是要留给个人去探索。如熊十力所言，"学问是总结出来的"，所谓的"捷径"并不存在。张翔老师所能做的，只是分享他的经历和感受，给大家提供参考。

◉ 读什么书？

未知的领域藏着更大的世界："读书是一件非常个性化的事情"，张翔老师强调，"作为一个学者应具备基本的人文科学素养，不能'读完书单就万岁'。每周抽半天时间泡在图书馆里，不拘于哪个区，看到感兴趣的书就拿下来翻翻。""我们永远只知道自己知道什么，而不知道自己不知道什么。"张翔老师表示，要做一个优秀的学者，不能拘于狭窄的领域坐井观天。

五分眼界，五分情怀："生活不仅仅是做好当下的日常和'本职'，还要有几分超脱世俗的精神，做些超越当下的事情，读些情怀满满的书。"张翔老师从何兆武先生的《上学记》，赵越胜的《燃灯者》，陆键东的《陈寅恪的最后二十年》，谈到罗尔纲先生的《师门五年记》，何炳棣的《读史阅世六十年》，这些书是如何使他受到深深的触动。在这个"功利至上"思潮横行的背景下,张翔老师向我们展现了学者的眼界与情怀。

审书三部曲。在博览群书的时候,如何更好更快地了解一本书是否有价值、有水平?张翔老师归纳出如下步骤:

☑ **书名和作者**:看到一本书获取的第一信息。

☑ **序言和后记**:序言,分为作者自序和他序。通过序言可以了解到本书要"探讨什么";如果是他序,则可以看别人对于此书的审视。后记则往往包含着作者对书的小结和评价。

☑ **目录和索引**:通过目录,了解一本书的体系架构;看索引则可以找到自己感兴趣的 point。根据索引翻到感兴趣的地方读一读,更容易找到切入点。

怎样读书?

01 "读书四类,闲精略摘"

说完了"读什么书",就要讨论"怎么读书"。张翔老师首先引用了王云五先生的《我怎样读书》,书中把阅读分成四种:"闲读""精读""略读"和"摘读",并解释道:

"**闲读**,就是意在消遣的阅读。

精读,就是对于书籍内容要细致掌握,经典名著就需要精读。

略读，即'观其大略'，大概了解作者要表达的意思。

摘读，用于一些只有'部分章节'需要阅读的书籍。"

02　精读意识：阅读的核心

精读是判断力的起点。王云五说："不拘大书小书，能将这部书烂熟，字字解得道理透明，诸家说俱能辨其是非高下，此一部便是根，可以触悟他书。"在讲精读的标准和作用时，张翔老师如是引用。

"许多同学说自己在读书的时候没有观点，这是因为知识背景缺乏。真正精通了一本书，自然就能入门——在一个领域，首先需要具备一个视域，才能有判断力。"

张翔老师所提出的关于精读的建议：

精读 tips：

问题意识：先知道问题是什么，才能看懂问题的答案

- 每本书都有它针对的问题。了解创作背景，才能更好地明白作者的意思，例如在《明清社会史论》中，我们从序言中得知其研究的问题在于"描绘社会阶层的上下流动"。

学术流派：了解学者的立场与观点

- 从作者的学术流派可大概获知其研究立场与侧重点。例如《明清社会史论》作者的实证主义史学流派，重在对事实的考察。而传统流派更倚重文献。

如何优雅地啃下"大部头":"许多同学大一开始就在读许多名著,比如《论法的精神》,但是发现自己无法理解其深刻内涵。我在做硕士论文的时候研究法解释学,伽达默尔的哲学解释学著作是绕不开的哲学基础经典。我当时觉得这本书很晦涩,所以找了研究西方哲学的朋友请教。在看了导读性的书和文章、了解了这本书的背景,以及它在哲学体系中的地位之后,渐渐对它有了概念。这样再读下去,就渐能读懂。"

有趣的是,"我读完了伽达默尔的著作之后,发现导读也并不是完全正确的。而且我有个很奇妙的感觉,读完这本书之后,以后读什么好像都容易读懂了。"精读大部头经典之后,视野会变得开阔,理解力也自然相应地提高很多了。"不过,经典之所以为经典,也在于你在每一个阶段读它都会有新的感觉,不必苛求'终极理解',每个阶段都会有特定的体会,这是十分自然的。"张翔老师补充道。

王国维说,古今大学问者,必经过三种境界:

昨夜西风凋碧树 独上高楼 望尽天涯路	衣带渐宽终不悔 为伊消得人憔悴	蓦然回首 那人却在灯火阑珊处
·不明白作者在讲什么 ·求诸文献与导读,填补空白的背景	·渐渐体会了作者的意思 ·乘胜追击,苦读不辍,渐入佳境	·读懂了作者,从而有了新视野 ·回过头来,原来导读也并不是绝对正确

03 尝试给图书"备忘"

精读。先从笔记谈起:"记笔记主要有两种方式,一种是像陈寅恪先生，直接在书上旁批。"张翔老师讲道。"另一种是像钱钟书先生那样，用笔记本，边看边摘，做完回来翻看。这样更加方便记录与参考。"

"人看过的东西总是会遗忘的，从这个角度说，只有留下笔记，才算真正看过。"

张翔老师对笔记本使用方法的建议

1. 找大一些的笔记本，前留两页，备做目录。
2. 把印象深刻的观点、页码都记录下来，写出自己的感想和体会。

略读。要做"翻书账"："你很难知道一本书会在什么时候派上用场，给自己做个翻书账，把喜欢的段落或者自己的感想记一记，闲来无事翻看，久之，忽然发现'原来我还读过这本书'，真的是一件蛮有趣的事情。"谈到略读，张翔老师建议学生做个简易的翻书账"备忘"。

读过的书可以做卡片："读完书要做小卡片备忘。一种是索引卡片，要写出书名、作者、出版社、出版年份、大致内容，并给书籍编号，按字母排序；另一种则为引得卡片，摘抄观点和看法：左上角写明分类，右上角写出编号，按主题排序。"（如下图）

04 日常的小积累

日常看到有趣的东西要积累,可以在手机里建一个文档,存一些有趣的内容。多多积累,才能提升自己的写作水平,让阅读的内容"为我所用"。

此中得来终觉浅,青春做伴好读书

"无论我讲了多少,方法终究是需要自己去实践的",张翔老师强调,"许多同学忙于社团活动和实习,希望培养自己的工作能力,但工作能力并不需要刻意培养,在工作的实践中,我们自然而然地就会有工作能力","大学能做的最好的事情就是读书,在读书中开阔眼界,丰富阅历,到'更大的'世界中寻觅想要的。衡量一个人的成就,未必仅仅通过他眼下的'实务'做得多好,还要去看看他是否有自己的远见,去做了一些似乎'超越'了当下的事情。读书,并没有绝对的'方法',迈出一步,去开始读,就是很好的。"不要把书当作工具,而是把书当作一个多彩的世界,在其中认识自己,也认识生活。

提问环节问题摘录

问：如果我精读一本书，是否只能提升自己在这个专业领域的认识？

答：专业书籍往往如此。能够在整体上促进我们认识能力的，往往是一些哲学性著作，例如福柯与卢曼的书。读起来难度会比较大，但是同学们应该尝试一下。

问：这些方法在读论文的方面同样适用吗？

答：是的，同学们可以灵活运用。今天讲到的方法并非只适用于读书，阅读其他文献资料也可以用到。

问：如果我平时读一些通俗的、"不那么学术"的书，会不会有帮助呢？

答：周作人说过：书无不可读。任何书都会有它的可读之处的。只要按照今天的方法认真揣摩，相信你会有所收获的。

问：如何处理教科书和课外书的关系？

答：按照目前的体制，我们的教科书质量还不是很尽如人意。我之前曾经问过一个成绩非常好的同学读过什么书，他回答说只读过教科书。我当时就挺失望的，因为我觉得他很难成为一个真正优秀的法律人。只读教科书会让人眼界狭窄，大学时代就应该博览群书，视野才能拓宽。各个领域的好书都应该多读一些。

尾声

想说的话已经说完了。不过既然是教写作的书,首尾齐全还是得做到。所以,最后再总结几句。

选题要自己选,从你自己在专业内的学习钻研中来。基于法学的规范科学、实践科学的定位,可以从分析实践争议、解释法律规范、观察理论现状入手,找到值得研究和写作的主题。然后,认真检索规范、案例和其他文献,做好标记、批注、笔记,充分消化资料,使其成为可以转化为自己文章的筋骨血肉的营养。

论文无非导言、正文、结语三部分。从一开始有想法就可以强制自己分层次,形成层次化思考和线性化表达的好习惯。通过反复重写导言,来把握整个文章的铺陈,注意写好文章的转承句段,永远注意逻辑,随时跳出来以读者角度反思有没有讲清楚。结语要坚实有力,并留有余地。

可以以初步搭建的结构,来填入消化完、准备好的素材。梳理材料要把握学术脉络,懂得顺藤摸瓜,要知所先后，不掩其功、不掠人美。"粗写"记录思想，"细写"构成辞章。引用有技巧，注释有规范。短文不寒伧，长文不冗繁。摘要要全面、精当而自成"小论文"。关键词只为检索而设。大小标题要用最简单的语言和结构传递最为关键的信息。

修辞立其诚。法律语言要冷静、克制。写文章先考虑消极修辞，"求不错"；再讲积极修辞，"求更好"。文章争取一次写好，粗糙草率的文字，难有清晰深刻的思想。内容清楚之后再考虑形式上的打磨锤炼，要舍得删削，最后成文可以念一遍。学术积累要日常化，做好"翻书账"和笔记。"义理""考据""辞章"不可偏废，日常做好"积辞"与"积义"。

最后，还是用一开始引的欧阳修的话做结："无他术，唯勤读书而多为之，自工。"